対話ドリブン

INTERACTION DRIVEN

五木田洋平
Gokita yohei

東洋館出版社

はじめに

はじめまして。五木田洋平と申します。10年間の小学校の教員生活の後、２０２２年にヒロック初等部というオルタナティブスクールを立ち上げました。この原稿を書いている２０２３年９月には2校目である「ヒロック初等部代々木校」を設立し、ヒロック初等部全体のグループカリキュラムディレクターとして、そして代々木校の校長として活動しています。

前任校である開智望小学校では学年主任やＩＣＴ部の主任を務めました。もちろん一教員として子どもの成長を支えることが何よりの使命です。成長するときのきらめきを感じる幸せはいくつになっても変わりません。教員を志したのも、子どもの成長に携わること、可能性を広げることにロマンを感じたからでした。

7年ほど前に私立小学校では、役職柄、人と関わることが多かったのですが、多忙と実力不足が重なり、不器用な僕は多くの人と軋轢を生んでしまいました。今思えば恥ずかしい過去です。ふとしたとき、ある同僚に打ち明けたことがありました。「実は、僕は人と仕事することに意味を大きく感じられない」「僕が思うやり方ならもっといいものができたのにという気持ちが勝ってしまうことが多い」と。傲慢かもしれませんが、そんなことを思ってしまうことがよくありました。実際は一人ではできない仕事なのですが、自分のビジョンと手法を優先するきらいがあるのです。

そんなふうに思ってしまう僕でしたが、「実は…」と気持ちを開示できたこと自体が大きい経験であり、幸運でした。そこから徐々に自分の考えていることを言語化する意識を持ち始めると、少しずつ相談を持ちかけてくれる後輩も増え、管理職への説明も準備をしたり、管理職の立場からの視点を理解しようという思考になったりしていきました。お互い「言葉にする」「理解し合おうと努力する」という文化ができてきたように思います。

開智望の最後の1年は同僚と本当にたくさん話をしました。たくさん話を聞いてもらいました。僕のことを理解してくれた人が増えたと感じましたし、僕自身も相手への理解が増したように感じます。初めて人と何かをつくることを楽しいと思えました。

その後に出版した単著のタイトルには「ＩＣＴ主任の仕事術」と銘打たれていますが、主任にはなったのではなく、一緒に仕事をしてくれた同僚が僕を主任にしてくれました。教員の退職は心身の不調など、ネガティブなことが多い中、そのような経験をして退職できたのは奇跡としか言いようがありません。

その経験を携えてヒロック初等部をつくりました。創設メンバーである堺谷武志と蓑手章吾とはお互いの価値観を持ち寄り、良いものをもっと良くしていくことができました。後述するヒロック宣言やカリキュラムは対話の賜物です。準備期間も含めて、対話をしなかった日はないのではないかと思うほど、日々の活動を振り返り、方向性を決めてきました。

後にヒロック初等部にジョインしてくれたメンバーたちは、仕事の中に対話の時間を意識的に設けることを尊重してくれました。自分たちの活動を常に問い直してより良くしようとあり続けられる学校ができつつある予感があります。これからヒロックは少しずつ大きくなっていくでしょう。そんな日々の中、ヒロック初等部が完成する前に、対話を尊重する組織づくりを記録したいと思うようになりました。

本屋に行けば多様な教育書が並んでいます。オンライン、オフライン問わずセミナーもたくさんある現代です。しかし、「研鑽して学んだことを試せる現場」が少ないのではないかというモヤモヤは、多くの人と軋轢を生んでしまった7年ほど前から変わりません。「五木田先生のやり方は他の人ができないからやめてほしい」と言われたことが幾度もありました。違いが出ると保護者や子どもからの苦情がでることが想像されるのでしょう。その背景はわかりますが、「研鑽を重ね、多様な目で、目の前の子が伸びるやり方を選択できる現場」の方が、子どもと教員本人の幸せに資することを信じています。

子どもたちの前に立つ教育実践家として、研鑽をし、子どもたちの成長を後押しできる実践の土台となる組織づくりの重要性を描くことは、教育実践を発信することと同じぐらい、誰かのためになるのではないかと考え始めました。

僕には公立学校での経験はありませんし、公立校の校長ではありません。しかし、学校の立ち上げを3回行い、苦手なりにも対話と組織に向き合ってきた自分だから書けるものがあると確信しています。

文字通りオルタナティブな教員人生ですが、かつての自分のようにもっと子どもの成長のためにいいチームをつくりたい、やりたい教育に近づきたいと考えている現職の先生たちの背中を押せたら嬉しいです。

目次

第2章 「よはく」のつくり方

序章

対話ドリブンとは

問題1　忙しいときに言えない「実は…」

今の教員の業務量はとても多いです。

僕の若い頃はこんな1日でした。


6時前に起床し、7時過ぎには学校に到着。8時過ぎまで授業の準備をしようと思ったら保護者から電話があり、その対応で教室に着くのはギリギリ。

8時半の朝の会から15時半の帰りの会まではほぼ休みなし。間の給食は5分ほどで完食し、子どもたちの指導をしながら宿題の丸付けや連絡帳のチェック。

子どもたちが帰った後は宿題をつくったり、テストの丸付けをしたり。17時の定時以降に設定された分掌会では、主任がずっと喋っている。

18時に保護者から電話があり、また対応をしなければいけない。電話が終わるのが19時で、途中で抜けた学年会では何が決まったかわからない。

来週には授業公開があるので、指導案をつくらなくてはいけないが、その前に運動会の競技案の締め切りの方が先だ。授業の週案では明後日までに分数の割り算の単元は終わりにしなくてはいけないけれど、終わるかどうか不安。理解できていない子がいることはわかるが、学年の他のクラスと同じスピードで授業を進めなくてはいけない。
週末に予定していたセミナーは出席できなさそうだ。不安を抱えながら帰宅が21時を越える。これでも早い方かもしれない。中学校、高校であれば部活動があるのでその分の時間も追加される。

もしこういったエピソードに心当たりがある方は、次のような感覚を持っているのではないでしょうか。

・時間がなさ過ぎて授業準備が追いつかない。
・ピリピリした職員室にいるのが嫌だ。
・同僚と些細なことで口論になる。コミュニケーションが億劫になる。

何よりも**「実はこう思っていた」ということが話しにくい環境になっているのではないでしょうか。**自分の意見も本音もすぐに言葉にできるわけでも、すぐに相手に伝えられるわけではありません。「よはく」を持って考え、「よはく」を持って自分と相手に向き合う時間が取れたらいいなと思っている方もいるでしょう。

問題２　疲弊するミドルリーダー

僕の知り合いの多くは、複数の主任級（教務主任、指導部主任、ＩＣＴ主任、特別支援級の主任、各教科の主任、学年主任）を兼任しています。かくいう僕も私立小学校に勤務していたときは、学年主任とＩＣＴ主任、年によっては入試主任や国語や算数の主任を兼任していたことがありました。この本を読んでいる方も何らかの分掌にて重要なポストを担っているのだと思います。

一般的に仕事ができるようになって「脂の乗った」ミドルリーダーたちは、ただでさえ多忙な学校組織の中で複数の主任業を兼任しているのです。この状態が続けば違う問題も発生することを僕は危惧しています。

それは、**若手のメンターがいなくなることです**。文字通りミドルリーダーが離職することもそうですし、ミドルリーダーがメンターをやる余裕がなくなることも「いなくなる」に相当します。

僕の知り合いは、「先生、学年主任をやめて」と子どもに言われました。学年主任をしているが故に、他のクラスのフォローに回ることが多く、自分のクラスにいられない時間が増えたからだそうです。

恐ろしいことに、これからの学校を担う若手の教員は育成の対象ではなく「体力がある」「言うことを素直に聞く」「大きなミスをしない（つまり、チャレンジをしない）」といった選抜の対象なのだと思います。

データで見ても、ミドルリーダーと言われる層が少なくなっているのがわかります。

公立小学校における教員の年齢構成（2019年度）

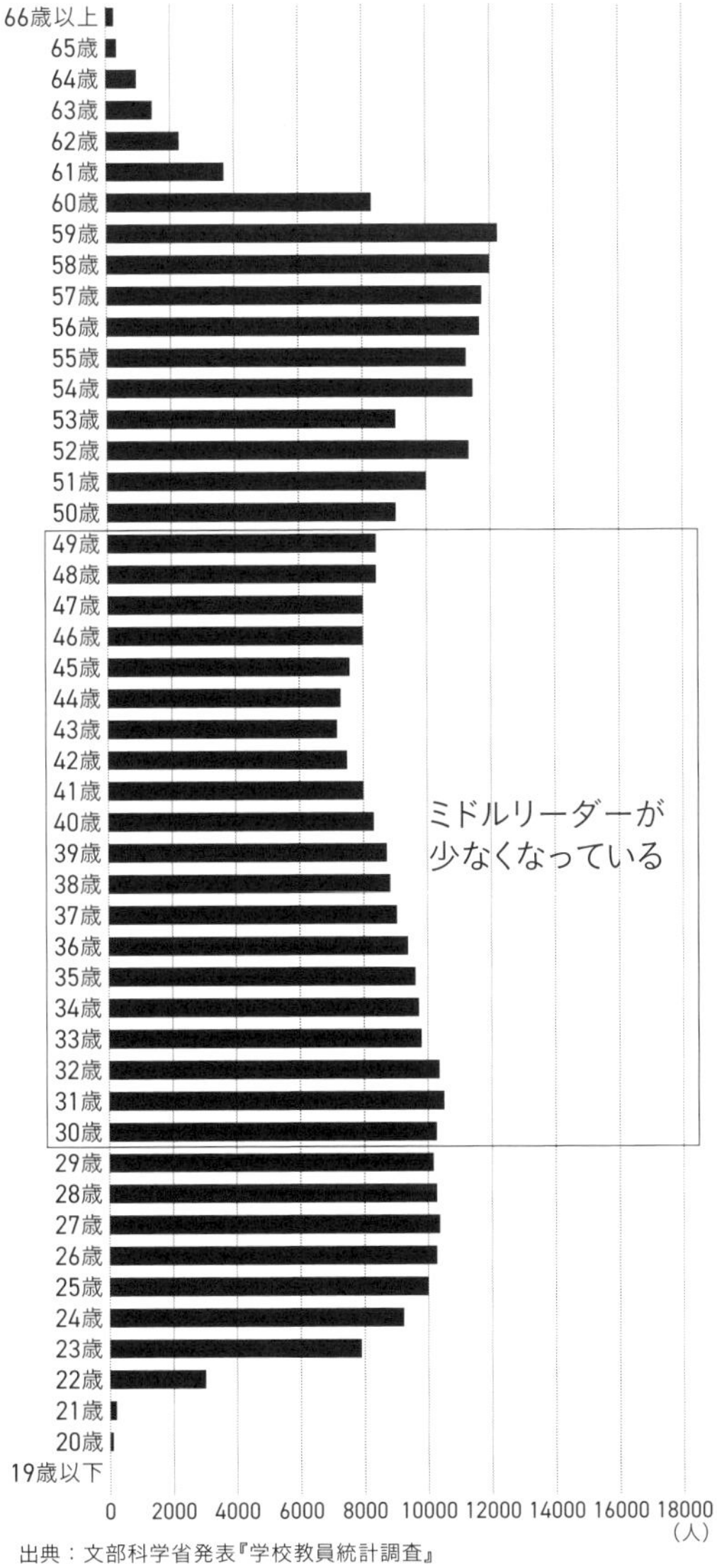

出典：文部科学省発表『学校教員統計調査』

小学校教員として「二次障害を生まない」という考えは基本であり、究極であると思っています。二次障害とは「周囲からの理解を得づらい環境で、繰り返し注意されたり、不安な経験をしたりすることで自己肯定感が下がり、うつ病、不安障害、ひきこもり等の症状が発生している状態」だと言えます。しかし、子どもの二次障害を生む手前、教員の心身が悲鳴を上げています。

人は時間やお金など「ゆとり」が欠乏している時はＩＱが下がる、という研究を目にしたことがあります。「ゆとりがない」学校教員を取り巻く環境は、教員のＩＱを下げやすい環境だということは想像に難くありません。目の前に積まれた宿題の丸付けをする代わりに、目の前の子どもの未来のことを想う「よはく」がないのです。

この二つの問題は、自分一人の力では解決できるものではありません。自分の能力不足が原因ではなく、環境や関係が生み出している問題だからです。この本ではこれらの問題を乗り越えるために必要な考え方、「対話ドリブン」を提唱します。

対話ドリブン=チームの成長

対話ドリブンの目的とは、「**対話を起点にチームが成長する**」ことです。本書では対話の目的を「お互いの理解」とします。また、教育界では耳馴染みのない「ドリブン」は「○○から始める」「駆動する」といった意味合いです。

身近な会議を想像してください。

「休み時間ですが、子どもたちは外に出るルールをつくりませんか？」

それを聞いたある先生はこう思います。「休み時間は子どもの自由だからルールを設けるのはおかしいのでは？」

「ルールをつくる」VS「自由が大切」という敵対関係になり、衝突が続いてしまうこともあります。そうでなければどちらかが我慢して譲歩することもあるでしょう。「わたしは主張する権利がないな」そう感じてしまうこともあるかもしれません。

そういったときに「**実は私はこう思っていて…**」**と言える環境や関係になっているかが大きな分かれ道です。**

このような状況の問題は、モヤモヤが残ることでも、衝突が起きてしまうことでもありません。隠れている真の問題は「お互いがなぜその意見に至ったのか知らないまま、敵対関係になってしまう」ことです。

子どもの自由を尊重したい人からすれば「休み時間ですが、子どもたちは外に出るルールをつくりませんか？」と提案した人を「子どもを管理したい人」のように映ってしまうのではないでしょうか。「管理したい人」に見える人も、実は自由かそうでないかとは別に、子どもの健康に問題意識を持っている可能性だってあります。

ここで対話ドリブンの考え方が職場に浸透していれば、「どうして子どもたちは外に出るルールをつくるべきだと思いますか？」と聞くことができます。

その回答として「意識的に外に出る時間を設けないと最近の子どもは日光を浴びる時間が少なくて、セロトニンが足りていない子も多い。そうすると睡眠障害になる子もいる」「同じ教室にずっといると気分が変わらず、授業に集中することができなくなる」という理由を聞くことができるかもしれません。お互いの理由を伝え合うことで初めて違うことを話していたとわかることも少なくありません。

発言している人が、理由なく提案しているのであれば、「休み時間は子どもの自由だから自由を制限することは避けたほうがいいのではないですか」「それでは休み時間ではなく、学級活動などで外に出る時間を設けるという方針はどうですか」といった方向性にすることもできるでしょう。

そのように建設的な対話にすることで「外に出て健やかに過ごす」という条件と「子どもの自由を保証する」という両方の条件を満たした方針に合意することができます。

問題が頻発する学校は往々にしてこのような対話が少ない印象です。意見を通す、通される、論破する、論破されるといった関係があるように感じます。**成長するチームは誰か一人の案をあがめるのでもなく、お互いを否定し合うのではなく、より良い方法を模索し合うことができるチームです。**

問題を抱え続ける学校と問題を解決する学校の違い

問題を抱えた学校ではこのような状態になることがしばしばあります。重ねますが、これらの共通点は「実はこう思っていた」というコミュニケーションが出せないということです。しかし、本書が探究するのは、それとは異なる世界、すなわち対話ドリブンの世界です。対話ドリブンが浸透している学校では、弱みや悩みは開示すべきだし、新たな取り組みをする理由やビジョンを共有する文化になっています。

問題を抱えた学校

・自身の弱みは言いたくない。
・悩みを打ち明けにくい。
・新たな取り組みをする人が批判される。

問題を解決できる学校
・弱みは開示し合い、必要なサポートを得る。そもそも相手が苦手なことを頑張っているかもしれない、という見方を持つ。
・悩みは打ち明けられるほど良い。問題が小さいうちに解決できる可能性があるからである。
・新たな取り組みは「なぜ行うのか」「どうありたいか」「どうやって進めていくか」などを協働しながら考える。

先程この本の目指すところは、「対話を起点にチームが成長すること」と書きましたが、それは**「実はこう思っているんだよね」というコミュニケーションが楽に出せるようになるチームをつくることです。**

また、対話を起点にしたチームの成長を促す考え方は、教職員だけでなくクラスや保護者との関係にも応用することができます。

「対話からはじめる」がチームを成長させる

対話ドリブンは、対話を通して「よはくをつくる」「ポリシーメイキングをする」「研鑽をする」

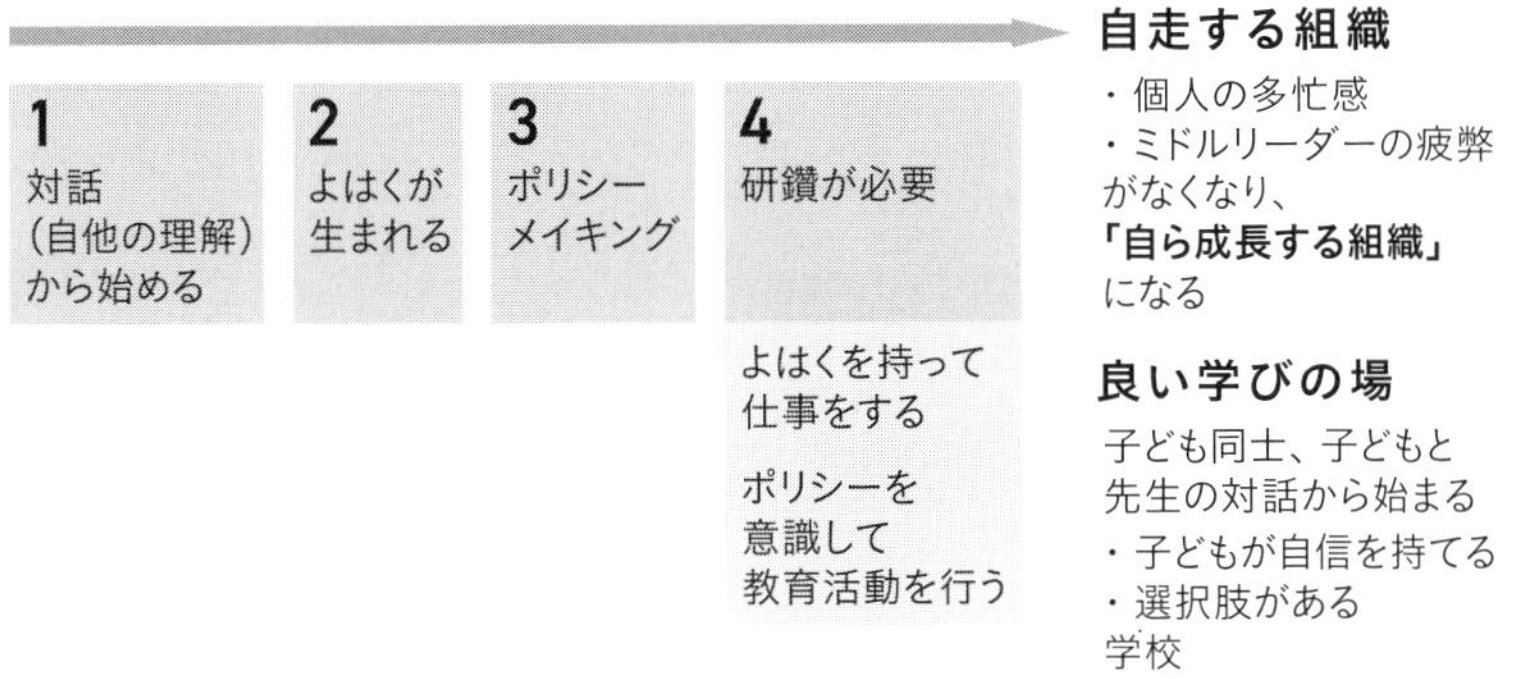

という3つの連続したアプローチをとっていくことです。この考え方を取り入れることで、組織は自分自身で行動し、成長していく。「チーム」へと変化していきます。

「チーム」と言ってもその形態は様々です。組織は学校全体だけでなく、職員室や部会、学年団、クラスといった、より小さく、多様な形態です。

どんな大きさの組織でも、「チームとして成長」することは大切です。チームとしての成長とは何を指すかというと、チームメンバー一人一人の能力の向上だけでなく、一人一人の強み、弱みを組み合わせることができるチームになることです。

それには、チームメンバーがどんな強みを持っているのかを理解する必要があります。また、弱みを理解することも、とても大切です。弱みがあるからこそ協力することができるからです。

まずは開示し合うこと、それこそが対話の場に求められていることだと言えます。

そうやって大人同士が手を取り合い、チームとして子どもに接することができるのであれば、その背中を見て子どもたちは学んでいくでしょう。

シンプルな話、お互いの「強み・弱み」「したい・したくない」を知り、子どもたちの成長を支えるという共通の目標に向かっていくことだけが学校を良くし続けていくことだと思います。

学校とは何のための場所？

この本は教員の皆様に向けて書いている本です。

そのためには学校がどのような場所かの前提を共有しなければなりません。

皆様にとって学校はどのような場所でしょう。

先生にとっては「子どもが楽しむ場所」「子どもが成長する場所」「子どもに教科を教える場所」「安定した職場」いろんな考えがあるでしょう。

想いは多様なれど、どこか立ち戻るものを確認すべきです。一度日本としての教育の根本になる考えを確認します。

ここで教育基本法1～3条を見てみましょう。

教育基本法　第1章　教育の目的及び理念　第1条（教育の目的）
教育は、人格の完成を目指し、平和で民主的な国家及び社会の形成者として必要な資質を備えた心身ともに健康な国民の育成を期して行われなければならない。
教育基本法　第1章　第2条（教育の目標）
教育は、その目的を実現するため、学問の自由を尊重しつつ、次に掲げる目標を達成するよう行われるものとする。
一　幅広い知識と教養を身に付け、真理を求める態度を養い、豊かな情操と道徳心を培うとともに、健やかな身体を養うこと。
二　個人の価値を尊重して、その能力を伸ばし、創造性を培い、自主及び自律の精神を養うとともに、職業及び生活との関連を重視し、勤労を重んずる態度を養うこと。
三　正義と責任、男女の平等、自他の敬愛と協力を重んずるとともに、公共の精神に基づき、主体的に社会の形成に参画し、その発展に寄与する態度を養うこと。
四　生命を尊び、自然を大切にし、環境の保全に寄与する態度を養うこと。
五　伝統と文化を尊重し、それらをはぐくんできた我が国と郷土を愛するとともに、他国を尊重し、国際社会の平和と発展に寄与する態度を養うこと。

教育基本法　第1章　第3条（生涯学習の理念）

国民一人一人が、自己の人格を磨き、豊かな人生を送ることができるよう、その生涯にわたって、あらゆる機会に、あらゆる場所において学習することができ、その成果を適切に生かすことのできる社会の実現が図られなければならない。

（個人的に人格の完成というワードには疑問がありますが）2条、3条の示すことは理解できます。2006年に改正されてから1~5の目標に向かっているというのが前提です。

余談ですが、以前子どもに教育基本法の話をしました。そうすると、

「え！　学校って漢字を何回も書きに行くような場所だと思ってた！　本当は人格を良くしていくための場所だったの⁉」

僕たち教員が、どのように教育に向かい合うべきか、改めて考えさせられる一幕でした。

ただ、現場を見渡してみれば子どもに対して「将来の選択肢を増やすため」という名目で「ただ単にテストができる」とか、「先生の言うことをすべて聞く」といったことが求められているような気がします。受験が強い日本ならではの構造かもしれません。

受け身の学習者		主体的な学習者
画一的なテストと競争志向の学習者		個々人でレベルを調節できる学習者
一人の能力にフォーカスが当たる学習環境	学習環境	チームでの力にフォーカスが当たる学習環境
学校のテストのための学び	学び観	自分の人生に必要だから行う学び

なぜ競争思考になっている？

なぜ、受け身になってしまったり、テストでの競争重視の価値観ができ上がったのでしょう。背景を紐解くのにも、ある程度歴史を遡ることが必要です。僕は歴史の専門家ではありませんが、考えを書きます。

今の学校制度の原型がつくられたのは明治5年です。学制発布といい、3年後の明治8年には全国に、なんと2万4千もの小学校ができました。江戸時代では各藩が藩校をつくり、武士の子弟に武芸を学ばせるための学校があったり、寺子屋などがありました。つまり、私塾です。なので、国として一律に同じ目的、内容で教育制度を敷いたのは明治時代だったのです。学制の発布から3年で2万4千もの小学校ができ上がったのには本当に驚かされます。

明治時代の日本は富国強兵という明確な方向性がありました。諸外国と対抗するために工場で働ける人や近代化をするためのエリートを育てる必要が出てきました。規律を守ることを是とするのは、今まで農作物のリズムに合わせていた1日や1年を過ごしていた農業従事者を工場のリズムや価値観、つまり、全員一緒の時間に同じ成果を求めることに合わせるためです。

実際、明治維新直後で学制が発布された明治5年において、全就業者の77％を占めていた農業従事者は明治43年には52％ほどに減りました。また、同時期の明治6年に地租改正が行われ、江戸時代に藩ごとに違った年貢の制度が税金の制度に変わったことも大きいでしょう。貨幣の意味がより一般的になりました。お金を稼ぐこと、払うことは人生において大きな意味を持つようになり、文字通り、国を富ませ、強くあることは善とされる時代になっていきます。

わずか40年弱の間に生活リズムや価値観が激変したことを示唆しています。

全部の教科で満点を取ることが良しとされるのは、まさにスペシャリストではなくエリートを育てる価値観のそれだと言えます。江戸時代は士農工商といった身分がありましたが、明治時代は身分や階級制度がなくなりました。言わば、頼れるものは刀や力ではなく、テストの点数に変わっていきます。誰でも学校に行き、テストを受けることはできるので、誰しもに門戸が開かれていたと考えることもできます。逆に言えば、誰でもできることだからこそ、同じテストで評価されることになったり、競争が激化したりしました。一人一人が違う「スペシャル」であるという価値観であれば、切磋琢磨はあれど、望まない競争は起こらないのです。

つまり、全国にある学校は自然に、「学んだ方が幸せになるから学ぼう」という市民の必要性からでき上がったわけではないのです。こういった国策としての側面があったと、僕は考えています。

学びとは

学びについても問い直すことが必要です。「机に向かって教科書の中身を暗記すること」「テストで良い点をとること」は学ぶということの本質ではありません。教育基本法や学習指導要領には「学習とは」「学びとは」といった項目がないので、「人格の完成を目指すための行動」と仮に考えます。

僕は、学びを「自分たちの人生を豊かにするための行動と機会」と位置付けています。ヒロック初等部では子どもたちに「**幸せになる力をつけよう**」と伝えています。

学びとは、昨日の自分を超える行為であり、学びとは、他者との関わりの中で行われるものです。

知ることで世界が変わって見えたり、困っている他者に気づいたり、困っている自分に気づいたりすることもできます。また、自分から行動を起こさなくても、機会を得れば学ぶこともたくさんあります。

幸せになったり、不幸を遠ざけることは学びの産物だと言えます。

『教育学をつかむ【改訂版】』では学びに対して次のようなことが書かれています。

学ぶという行為は、人が1回限りの人生をいかによりよく生きようとするのかに関わる重要事の1つである。学ぶことによって、人は、この世界の仕組みを知り、他者や事物と関わる術を得ていく。そして、この世のどこにどのような形で身をおき、どのように振舞ったらよいのかを知っていく。学ぶことは、自己の存在意味を探り、世界への参与の見通しを立てていくことを意味している。ゆえに、1人ひとりの人間は、その人なりにいだく自己実現に向けて、かけがえのない固有の学びの世界をつくっていこうとする。しかし、そうした学ぶことの実存的ともいえる地平が想定される一方で、現実につくりだされている学習の多くは、先行する世代（大人）が、次世代（子ども・若者）に一定の必要事を学ばせようとする社会的必要によってつくりだされている。それぞれの時代と社会は、その維持や発展を展望しつつそれを担う人づくりとしての「教育」を行う。「教える」という形で、先行世代が次世代に相応の学びを求めていくわけである。

教育学をつかむ【改訂版】木村元、小玉重夫、船橋一男様々な能力や知見を身につけることで「自分らしく生きていく」ことがしやすくなります。一人一人幸せの形は違います。「社会的必要によってつくりだされる学び」だけが学びではありません。幸せの形を見つけたり、望んだ幸せの形に合わせた学びが展開される、そんな学校が増えるといいのではないでしょうか。

自分らしさを見つけることも、自分に必要な学びをするのも他者がいて初めて成り立ちます。他者と違うから自分らしさがわかるのであり、自分に持っていないものを他者が持っていることもよくあることです。だからこそ、対話が必要なのです。

そのためには、対話によって本音が言いやすくなり、心理的に楽になればいいでしょう。そして、対話を起点にした教職員チームができることや保護者との連携がスムーズになることで子どもたちに良い影響を与えられると信じています。なので、この論点で本を書く必要があると考えました。

日本から感じる課題

ここで視点を日本の現状に移してみましょう。日本の状況を理解することで、あるべき教育の方向性が見えてくると考えたからです。

現在の日本はGDPにおいてアメリカ、中国に次いで第3位の経済大国と言われており、G7の加盟国でもあります。先進国であるという意識も強いのではないでしょうか。また、世界1位の長寿国でもあり、治安の良い国としても知られています。「豊かな国」としてのイメージを持たれる国の一つでもあります。

しかし、そういったデータとは別の観点で見ていると、必ずしも日本は「豊かな国」であるとは言えない側面が浮かび上がります。僕はその観点を**「3つのない」と言っています。**

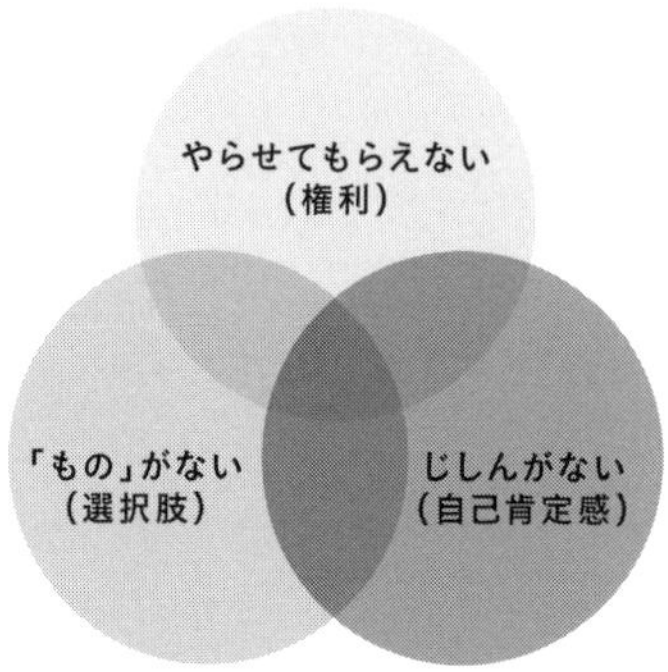

1つ目の「ない」は「やらせてもらえない(権利がない)」状態です。公園では子どもが自由に遊ぶことを禁止され、学校では管理目的で決めたと思われるブラック校則の話題には事欠きません。教育基本法でも「個人の価値を尊重して、その能力

column

を伸ばし、創造性を培い、自主及び自律の精神を養う」と明記されていますが、個人の価値や能力、創造性は、発揮できる土壌があってのものです。禁止事項にあふれた環境では伸ばすことも発揮することも難しいです。

教員側にも目を向けてみれば、「はじめに」に挙げたように隣のクラスと授業の進度を合わせるために授業の手法や進度が決まっていることも多いです。目の前の子どもは違うのに、進度を揃えなければいけない、というのはナンセンスだと考えています。それは教員側の責任であるとも言い切れません。「隣のクラスとやっていることが違う、公教育なのだから同じ授業、同じ課題でないと不公平だ」という保護者からのクレームを想像してそうなってしまっている場合もあります。教員側にも「個人の価値を尊重して、その能力を伸ばし、創造性を培い、自主及び自律の精神を養う」機会が少ないと言わざるを得ません。「悪しき平等主義」という風に考えています。

2つ目の「ない」は「ものがない（選択肢がない）」状態です。日本の小学生の98％は公立小学校に通っているというデータがあります。多様性を尊重する時代においても受け皿が多様でない状態です。教育を生業にする教員においても他の職業に転職するとなったら、塾講師か教材会社ぐらいしかイメージがないのではないでしょうか。教育は人生に大きく関わるものであるにもかかわらずです。

3つ目の「ない」は「自信がない」ということです。文部科学省の調査である『高校生の生活と意識に関する調査』における国際比較」『我が国と諸外国の若者の意識に関する調査』における国際比較」によると、他国に比べ自分への信頼がないと感じていることが窺えます。また、「日本財団『18歳意識調査』第20回テーマ：『国や社会に対する意識』（9カ国調査）」によれば、軒並み自分が社会に影響を与えたり、夢があったり、といったポジティブな要素を持っていないというデータがあります。

一方、日本は世界でも有数の長寿国であり、子どもの死亡率もかなり低い国でもあります。また、社会保障費が国家予算の中を占める割合も低くありません。それなのにもかかわらず、幸福度は54位、先進国の中でも最低であることが報告されています。ちなみに幸福度ランキング46位のメキシコは子どもの死亡率でいえば日本の3倍近くにもなります。

こういった環境で自信が育まれやすいとは到底思えません。多くの教員も自信を持って、毎日を過ごしているとは言い難い状況ではないでしょうか。

僕自身はこの「3つのない」の状態が続くことを非常に危惧しています。

そんな現状は何としても変えなくてはいけません。この現状を変えることは教員自身を救うこと、それは目の前の子どもたちを救うことにもなるのですから。

2－1 「高校生の生活と意識に関する調査」における国際比較

日本の子供たちの自己肯定感（「人並みの能力がある」、「ダメな人間だと思うことがある」）は諸外国に比べ低い状況であるが、前回調査に比べると肯定的な回答が増加し、否定的な回答が減少している。

図1
●私は人並みの能力がある

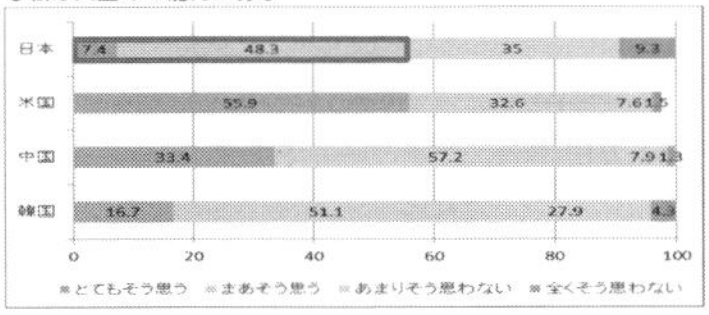

図2
●自分はダメな人間だと思うことがある

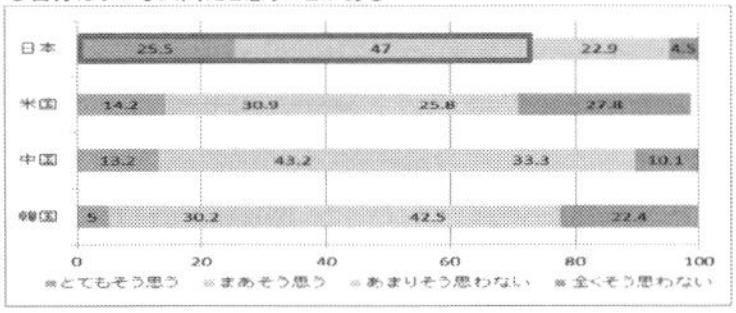

図3
●私は人並みの能力がある

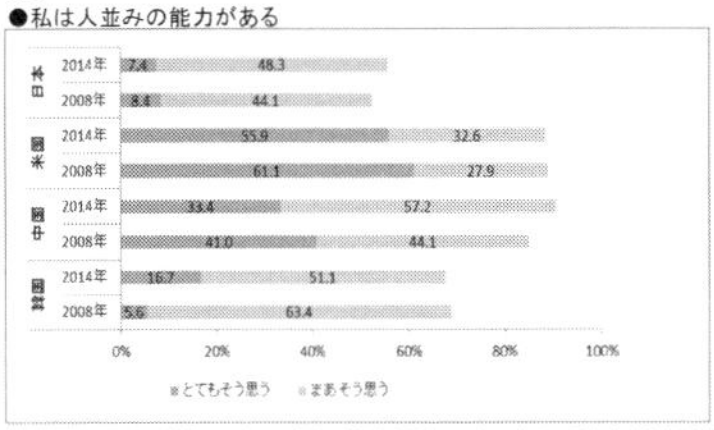

図4
●自分はダメな人間だと思うことがある

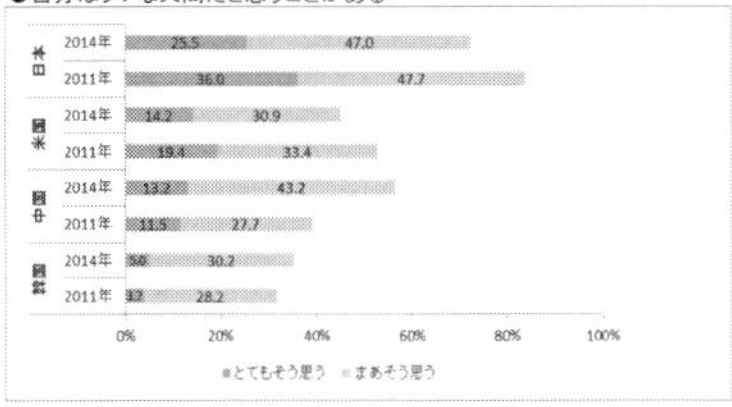

※ 平成26年度 高校生の生活と意識に関する調査（独立行政法人国立青少年教育振興機構）の結果から作成。各図の数値の単位は%。

47

2－2 「我が国と諸外国の若者の意識に関する調査」における国際比較

○ 日本の子供たちの自分自身への満足度は諸外国に比べて低い。
○「自分は役に立たないと強く感じる」子供たちの割合は諸外国と比べて、必ずしも低い状況ではない。

図5
●私は、自分自身に満足している

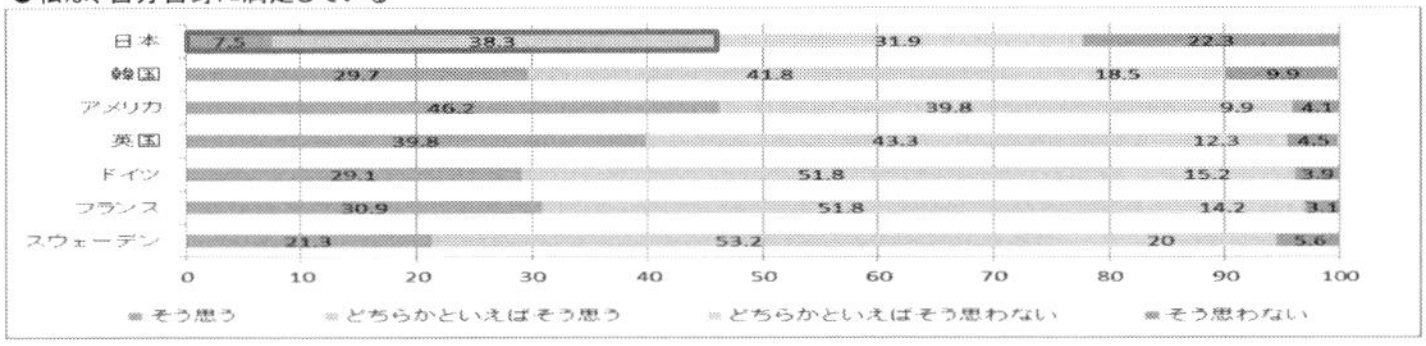

図6
●自分は役に立たないと強く感じる

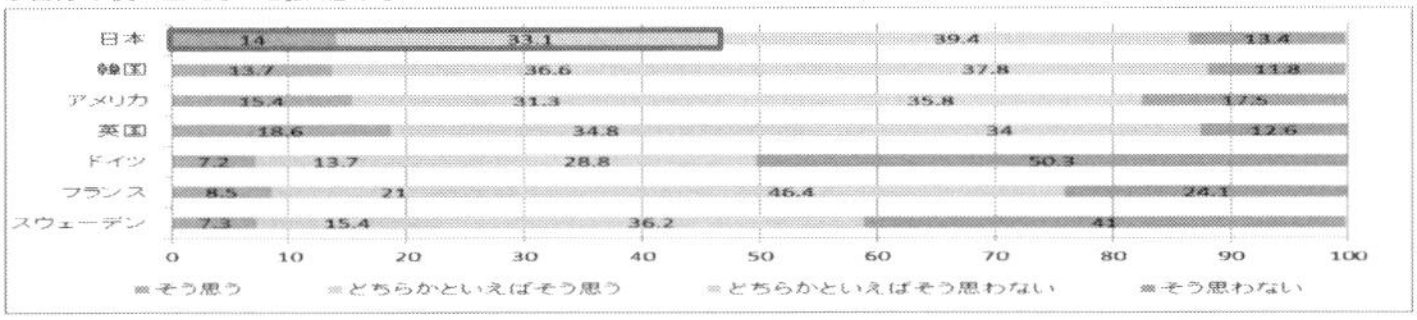

※ 平成25年度 我が国と諸外国の若者の意識に関する調査（内閣府）の結果から作成。各図の数値の単位は%。

48

中央教育審議会（第112回）配布資料

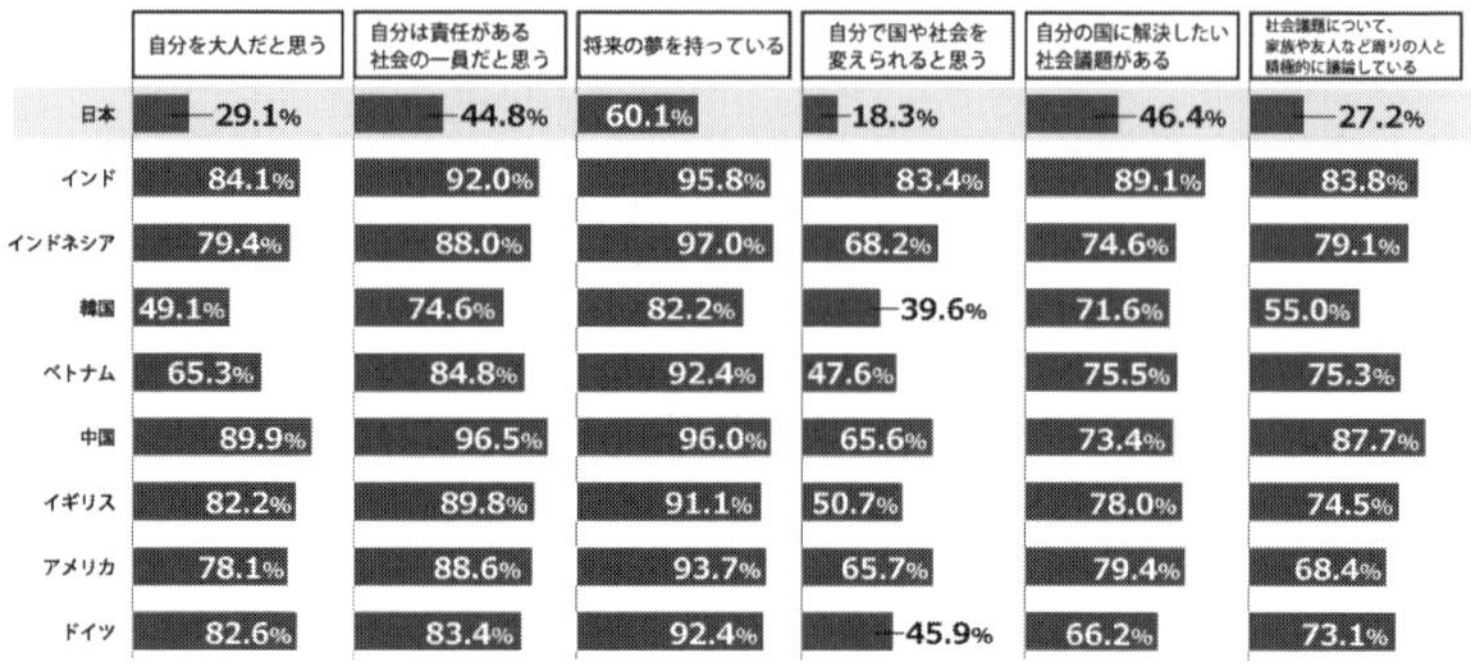

日本財団「18歳意識調査」第20回テーマ：「国や社会に対する意識」(9カ国調査)

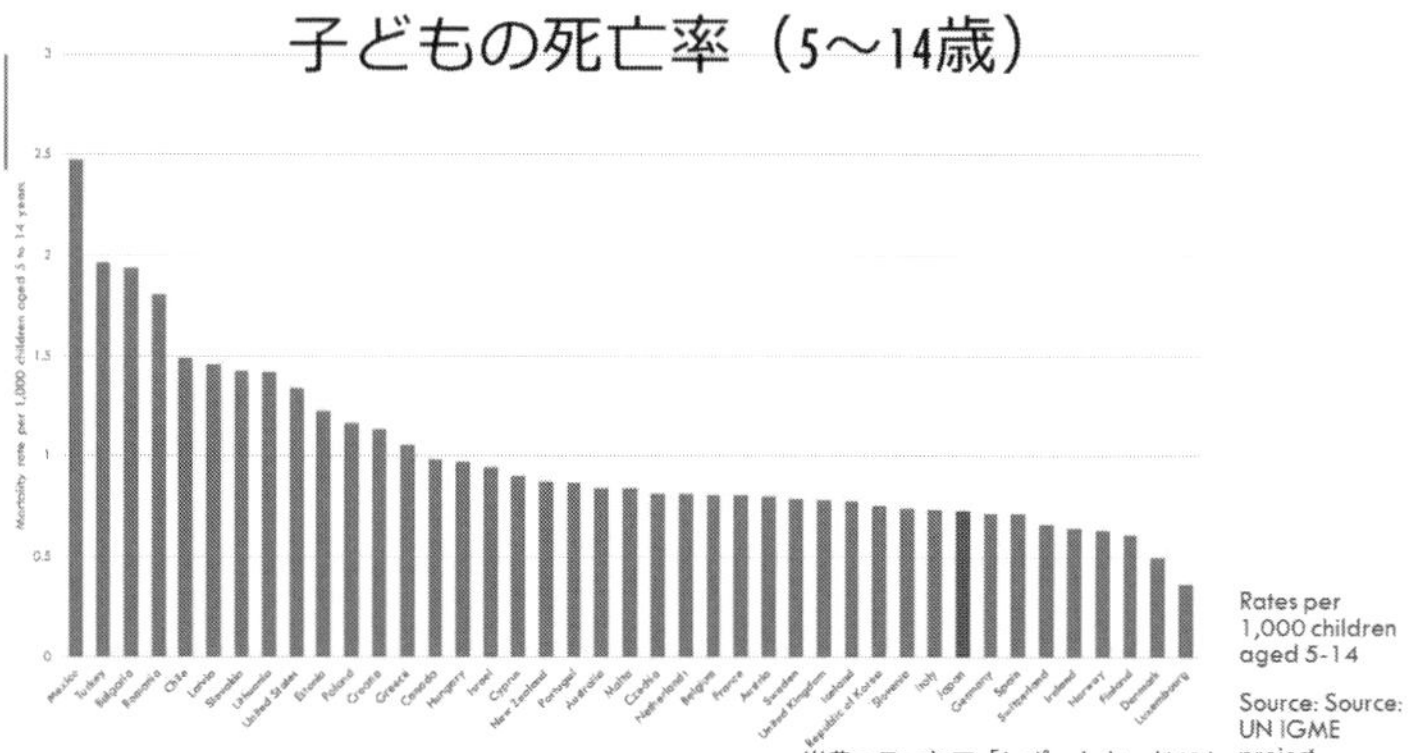

出典：ユニセフ「レポートカード16」
©（公財）日本ユニセフ協会

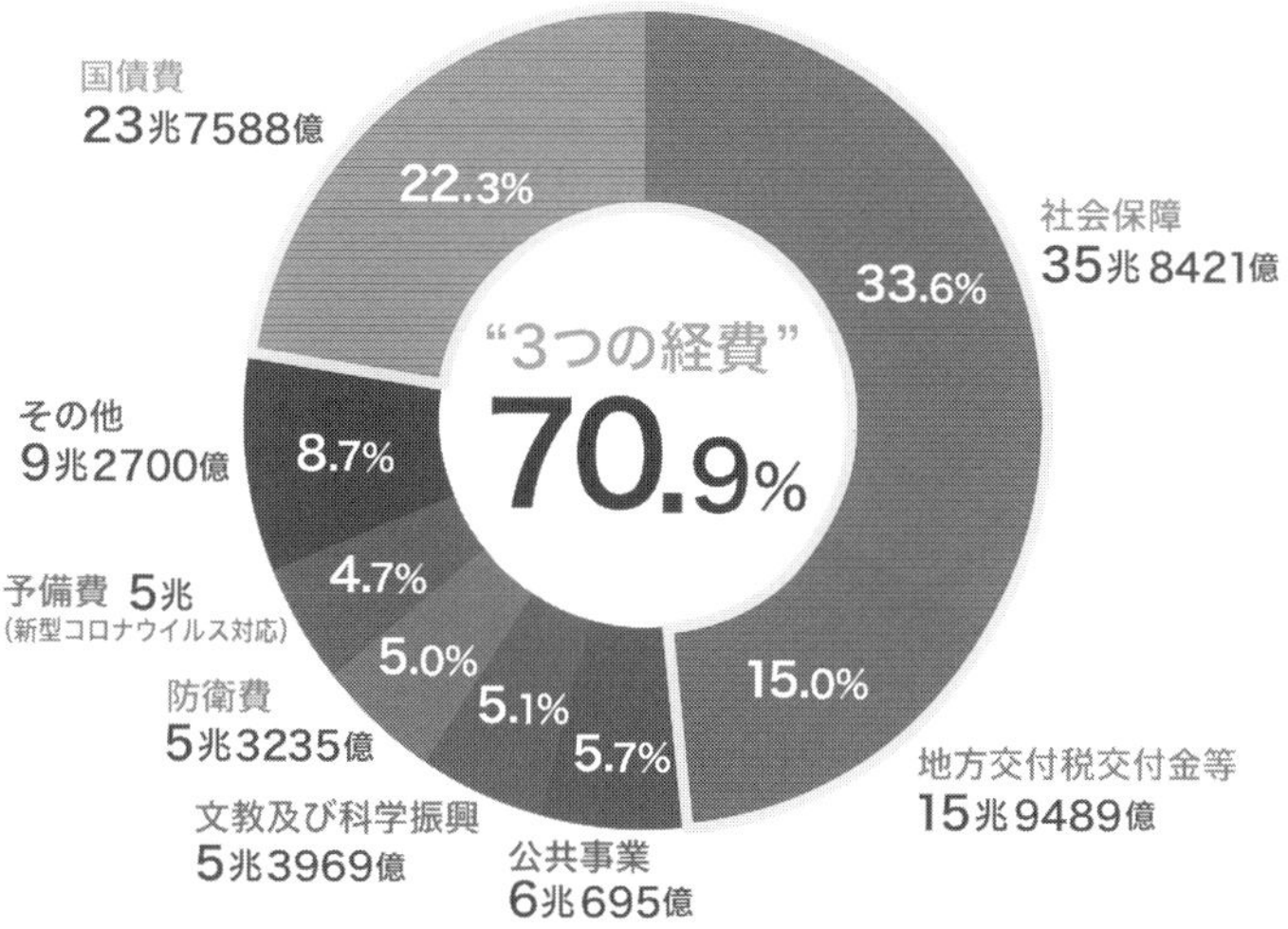

出典　NHK『withコロナでどう変わる2021年度予算』

第1章

対話と自他の理解
―「実は…」が言える学校―

対話とは何か

対話ドリブンを実行していくにあたって最初に考えなくてはいけないのは「対話」とはどんな行動を指すのか、ということです。人によっては「おしゃべり」「雑談」と感じる人もいるかもしれません。また、人によっては「議論」「討論」に近い概念だと捉えている人もいると思います。『On Dialogueダイアローグ』（デイビッド・ボーム著、金井真弓訳）によれば、

対話では、人が何かを言った場合、相手は最初の人間が期待したものと、正確に同じ意味で反応しないのが普通だ。というより、話し手と聞き手双方の意味はただ似ているだけで、同一のものではない。だから、話しかけられた人が答えたとき、最初の話し手は自分が言おうとしたことと、相手が理解したこととの間に差があると気づく。この差を考慮すれば、最初の話し手は、（中略）両方に関連する、何か新しいものを見つけ出せるかもしれない。したがって対話では話し手のどちらも、自分が既に知っているアイディアや情報を共有しようとはしない。むしろ、二人の人間が何かを協力してつくると言ったほうがいいだろう。つまり、新たなものを一緒に創造するということだ。

先に紹介したエピソードを例に取ります。

A先生「休み時間ですが、子どもたちは外に出るルールをつくりませんか?」
B先生「休み時間は子どもの自由だからルールを設けるのはおかしいのでは?」
A先生「でも、最近の子たち、方向性をつけないとまったく外に出ないんですよ。やっぱり健康に悪いと思います」
B先生「そしたら自由に遊べる権利と両方あればいいわけですよね」
A先生「そもそも子どもたちに外に出る目的って説明してないですよね」
B先生「そうですね。それじゃあ今度の学年集会のときにその話をしましょうか!」
A先生「わかりやすいようにスライドをつくっておきますよ。ただのお説教にならないように、子どもたちに外に出る意味と、自分で決める大切さを納得してほしいですから!」

このように「教員がルールを決める」という前提が対話によって崩され、「子どもたちに意図を説明する」という視点になりました。「**相手の解釈により新しい内容が生まれ、それを基に共同で新たなものを創造する**」を説明する一例です。

簡単に新たなものは創造できない

しかし、このエピソードを聞いて、こうは思わなかったでしょうか。「そんなうまくいく対話なんて存在しない」と。同じぐらいのクオリティのA、B案が出たら声の大きい人や、管理職の鶴の一声など、クオリティ以外の箇所で決まることがあるのは教育業界だけではありません。なので、本書では対話の定義を「ともに何かを創り出す」という定義に加え、**「お互いの理解を深める」**という定義を提唱します。

それを理解するためのエピソードとして、冒頭のエピソードを挙げます。

A先生「休み時間ですが、子どもたちは外に出るルールをつくりませんか？」

B先生「休み時間は子どもの自由だからルールを設けるのはよく議論した方がいいと思うんです。外に出る方がいいと思う理由はどんなものですか？　図書室にいたい子だっているでしょうし、いろんな休み方があると思うんです」

A先生「実は、先日保健体育の研修に出て、そこで外に出る効果を学んだんです。日光に当たるとセロトニンが出て、心が落ち着くらしいんですよ。特に今、冬でしょう。北国では雪国うつという症状があるらしいんです。日が出ないからうつ症状になる人が多いそうで」

B先生「そうなんですね～知らなかった。確かにそう考えると外に出るような方針は大切にしたいですね」

A先生「逆に先生は自由についてよくお話しされますよね。どうしてですか？」

B先生「そうですね、やっぱり今の子って自分の意思で決めることがどんどん減ってると思うんです。授業では教わることが決まっていて、帰ったら塾や習い事に行く子も多いし。初めて自己選択するって高校受験とかじゃないですか？　それまでに小さい選択や自由をできるだけ確保してあげたいんですよ」

A先生「なるほど、確かにそうですよね」

このようなエピソードを解釈する際に「相手の解釈により新しい内容が生まれ、それを基に共同で新たなものを創造する」対話の「手前」が存在する、という考え方が重要です。「創造」の手前にある「知る」という視点です。そもそも相手がどうしてそういったことを言っているのか、その背景を知らないまま憶測でコミュニケーションをすると、少しずつお互いの心にトゲトゲとしたわだかまりが生まれてしまうこともあるでしょう。

反論のし合いを回避するコミュニケーション

話がトゲトゲとしてしまうのは、ズバリ、「**聞かず**」に「**答えて**」いるからです。相手の理由も知らず、なにを知っているかも知らず、自分の意見を答え続けることは反論をし続けることにつながります。そうしたらどうしても喧嘩のようになってしまいます。

反論のし合いを回避し対話につなげるには、答えることではなく、問うことを意識すると良いです。

とは言っても、質問責めになってしまっては、相手も嫌がります。なので、僕は次の二つをよく意識します。

「なぜそういった主張をしているのかな」
「子どもや学校がどう見えているのかな」

どんな行動や主張にも理由が存在します。理由がないと言われたことも言語化できていないだけかもしれません。「なぜ」にお互い向かい合うことで、相手や自分の価値観を知ることができます。価値観を知ることができれば、判断が違っても納得できることがあります。

また、知らないことは問題にできません。問題にできないということは解決できないということでもあります。先の例で言えば「冬は気分が落ち込みやすい」ということを知っていなければ、それを問題にすることも解決もできないということです。

「なぜ？」や「どう見えている？」という言葉自体が強く感じることもあるかもしれません。そういったときは次のような言い換えをしています。

「なぜそう思ったんですか？」
　←
「そう思ったきっかけはありますか？」

「子どもをどう見ていますか？」
　←
「どんなタイミングでそう思いましたか？」

ずいぶん柔らかい印象になったと思います。どんな意見や性格の違いがあっても、問いかけ方一つで建設的な対話になることがあります。

そういった問い合いを通じて、お互いの共通点が見えてくることもあります。そうやって合意を積み重ねられたら、納得できる解決策が浮かびます。何をするかよりも、何を問い合えるか、が対話にとって大切です。

立場を超えて

「実はこう思っていた」と開示できたり、問い合える関係というのはどういった関係でしょうか。少なくとも、上下関係が強い関係ではないでしょう。そもそも学校組織の中では役割の違いはあれど、立場の上下はないと考えています。管理職であっても同様です。管理職は管理職としての役割があり、クラス担任や学年主任なども役割があるだけです。

僕が大学生のときにハッとしたエピソードを紹介します。

ある教育系のサイトをつくっているベンチャー企業にインターンしたときのことです。茨城の片田舎で生まれ育った僕は、教育に対して、年上に対して「答えがあるもの、その答えを教えてくれるのは人生の先輩である年長者」だという考えを持っていました。逆に言えば「年下である僕は年長者に従うのが普通」だという意識がありました。

その会社で出会った上司は非常に人格者で、合理的な思考をする方でした。インターン生である僕は、その人から様々なことを学ぼうと思い、たくさんの質問をします。

初めて質問を投げかけたとき、彼は、「五木田くんと僕は確かに立場は違うけれど、お互い対等な存在として仕事をするべきだ。**必ず『自分はこう思う』という意見や仮説を出してほしい。**質問するときも同様に。もちろんインターンの雇用主として教えることはあるけれど、自分の考えを伝え合うのが対等な関係です」と言いました。

これには非常に胸を打たれた記憶があります。その言葉を受けてから、教員としても子どもを下に見たことはありません。たまたま年齢が低いだけの、同じ人間です。今でも子どもの姿から学ぶことも多いです。

第4章で詳しく書きますが、年下の後輩には対等な存在だと口を酸っぱく話します。逆に管理職も対等だと思っているので、この価値観とは違う価値観を持っている方には多くの失礼をしました。しかし、対話をし、より良いものをつくることを目的とするなら、個人個人は対等であるべきだと考えます。

ブラジルの教育者、哲学者であるパウロ・フレイレの言葉を引用します。

世界と人間にして深い愛情のないところに対話はない。世界を引き受けることは創造と再創造の営みであり、愛のないところでそういうことはできない。（中略）また、謙虚さのないところにも対話はない。人間というものが続いていくこの世界を〝引き受ける〟ためには傲慢であってはならない。対話は人と人がお互いに出会い、お互いの知恵を共有するような行為だから、どちらか一方が謙虚さをもたなければ、対話として成り立たない。（中略）また人間という存在に深い信頼がなければ、対話は成立しない。人間はなにかをすることができ、また再び何らかの行為に向かうものである、ということへの信頼。創造し、再創造する力への信頼。人間はよりよきもの、全きものを目ざすものである、ということへの信頼であり、また人間はそのような力は一部のエリートだけの特権としてあるのではなく、すべての人の権利としてあるのだ、ということへの信頼、のことである。

愛情や謙虚さ、信頼感も0か1ではありません。この部分に愛情や信頼は持てるけれどすべてでない。グラデーションがありますし、タイミングもあります。無意識に上の立場から発言をしていることもあるでしょう。「謙虚」ということはそもそも「上にいる」という意識があるから成り立つ感情でもあります。

それらを理解することで、対話的な組織はつくられていきます。言うは易く行うは難し、**対話的な組織をつくり続けるということはそれだけ難しいチャレンジでもあるんだと**、この本を書いていてもよく思います。

なので、ただ話せばいいとは考えていません。コツや工夫が必要です。

自他理解に必要な前提

では、ここから自他理解に必要な活動を紹介します。ただ、その前に自己理解をするために大切な前提をお伝えします。この前提がなく対話を始めてしまうと「したい話」と「できる話」しかできません。つまり、自他の理解が進まず、ただの雑談やいつの間にかヒートアップして「自分語り」や「相手を思い込みで理解する」ことが起きてしまいます。大切なことなので繰り返しますが、「実はこう思っていた」という言葉がどれだけ出るかが良い対話の場になっているかの指針になります。

精神的な前提

お互いの理解はお互いの気持ちや性格を理解することなので、次の2つの前提がとても大切になります。この2つの前提がある場であれば、多くの人の「実はこう思っていた」が引き出されるでしょう。

無条件の理解：他者の意見や感情、立場を批判や評価をすることなく、理解しようと努めること。受容と理解はあとに出てくるので、この時点では省略します。これは、相手が自分を安心して開示できる環境をつくる基盤となります。「**相手は今、こう思っているんだ（それが議論の答えではないという上で）**」といった理解の仕方をすることが大切です。こういったやりとりは相手の感情を傷つけることなく、関係をつくるコミュニケーションの技術です。

自己開示の勇気：開示する方にも勇気が必要です。真摯に自分の感情や考えを他者に伝えること。それは、弱みや失敗を含め、ありのままの自分を認め、他者と共有することで、お互いの理解を深める土壌をつくり出します。

情報的な前提

お互いの理解は、気持ちや性格を理解することではありますが、それだけでは不十分です。お互いが認識している事実を開示し合うことがとても大切です。

事実の共有：何を知っているか、何を知らないかを開示すること。知っていることに差がありすぎると感情的な対立や不信を生むことがあります。情報を共有することで、安心感や信頼感を築くことができます。つまり、**考えでなく、起こったことを共有する意識です**。

見ているものは違う：基本的にどんな場面でもお互いの認識や視点は違うものであるという前提に立ちま

Aくんは算数が
得意な子なんだな。
だからイキイキ
しているんだな。
Aくんは
昨日よりも
表情が明るいな、
なんでだろう？

しょう。同じものを見ていても解釈が違うことは往々にしてあります。だからどう見えているかを伝え合いましょう。お互いの立場や意見の根拠を明確にすることができます。

これらの情報的な前提は、感情や性格に対する理解だけではなく、具体的な事実や状況に対する理解を深めることにもなります。

お互いを理解するための4つの質問 ―壁打ち文化をつくろう―

教員文化には「アドバイス文化」は多くあると思います。しかし、アドバイスをする相手の現状の把握をしていないこともよくあります。まずはお互いの状況を整理するために「アドバイス」から入るのではなく、**「壁打ち」をすることをお勧めします。**「壁打ち」とは話を誰かに聞いてもらって考えを整理することを意味する言葉です。アドバイスや意見への答えを求めることが目的ではありません。毎日対話をしていても、いまだに同僚と話すときに「壁打ち的に話をしたいんですけど」と一言添えることも多いです。そうすることでアドバイスでも討論でもないことを示すことができます。

自他理解をしたり、事実の整理をするときには様々な問いを投げかけると行いやすいです。自分から急に開示するのも緊張しますし、取り繕ってしまいます。お互いの素の部分を理解し合うことが大切です。最終的にお互いの共通点を見つけることができれば、そこを足がかりに共通の目標をつくることができるでしょう。

僕は最低限、以下の4つの質問をすることをお勧めしています。一度に聞いてもいいですし、雑談の中で何回かに分けて聞いてもいいでしょう。

1　なぜ先生になったか（過去の質問。ルーツを理解します）
2　今の子どもたちや学校をどう認識しているか（現在の質問。現場の認識を確認します）
3　学校や子どもたちはどうなってほしいか（将来の質問。あるべき姿を理解し合います）
4　今、恐れていることは何か（あるべき姿に行き着くまでにどんな障害があるかを理解し合います）

これらの質問を通じて、教育者同士の間には深い絆や信頼が築かれるでしょう。特に、教育現場では様々な背景を持った教員が集まりますので、初めての対話やチームビルディングの際には、このような質問が非常に有効です。


「なぜ先生になったか」の質問では、教員の動機や原動力を知ることができます。これにより、教員の情熱や教育に対する思い入れを共有することができるでしょう。

「今の子どもたちや学校をどう認識しているか」の質問では、現場での具体的な認識や意識を知ることができます。教員同士での情報共有や認識のすり合わせが可能となります。

「学校や子どもたちはどうなってほしいか」の質問では、教員のビジョンや理想を共有することができます。これを通じて、共通の目標や方向性を見つけるきっかけとすることができます。

「今、恐れていることは何か」の質問では、現場の課題や懸念を共有することができます。これにより、サポートの仕方や共同での問題解決の手法を考えるきっかけを得ることができます。特に「なぜ先生になったか」「学校はどうなってほしいか」で共通する部分が見つかれば、それは「意気投合」に他ならないです。

「今の子どもたちや学校をどう認識しているか」「今、恐れていることは何か」が一致すれば「じゃあどうしていこう」という流れに自然となりますし、違う観点が見つかれば新たな見方をくれる同僚という存在になるでしょう。

なによりそういった話し合いをした後と、する前のチームの雰囲気の違いは、対話した人はわかるでしょう。

また、どのような仕事をしたいのかを聞くことも効果的です。たとえば毎日コツコツ行うことは好きだが、意思決定に関わることは苦手、意思決定はしたいが、毎日コツコツ行う作業は苦手といった仕事の指向性も理解することができます。

こういったことを話し合っている関係と、話し合ってすらいない関係では、お互いの信頼度がまったく違います。どんな人であれ、自分のことを理解し、覚えていてくれる人は嬉しいものです。

「前こういうことが不安だって話していたと思うんですが、あれからどうですか？」といったように、自分が開示したことを覚えていてくれる人には信頼を置くことでしょう。

一人一人が安心して自分の考えや感じていることを共有することで、教育現場全体の力を一つにして、より良い環境を築くことができるのです。

対話をするには場づくりから

ただ、いきなり「あなたはなぜ先生になったんですか？」「学校はどうなっていってほしいですか？」と聞いても身構えてしまうでしょう。先輩後輩の関係や、管理職と新任といった立場が違う関係だとなおさらです。

そういったときは食事を共にしたり、同じ体験をすることをお勧めします。同じ場で同じことをすることで、お互いの距離が近づくことはよくありますし、言葉を交わさなくとも相手を意識することができるからです。むしろ言葉から入ることは緊張を生むこともあります。

パンが好きな方にはパンを差し入れて一緒に食べたり、落ち込んでいる後輩にはコーヒーを飲みながら雑談をすることもありました。逆に僕が落ち込んでいるときに先輩たちは何も言わず食事に連れていってもらったことも数え切れないほどあります。先輩だけでなく、後輩に気遣ってもらえたことも例を挙げればいくらでもでてきます。コロナ禍では難しかった密なコミュニケーションは、実は人間の根源的なレベルで必要なものなのです。

食事だけでなく、アクティビティも同様です。ヒロック初等部ではチームビルディングと遠足の下見を兼ねて山や海に行ったり、湖でカヌーに乗ったりしたことがあります。以前の学校でも同僚とボードゲームに興じたり、ボルダリングに行ったりしました。また、フラッグをチームで協力してつくる研修に行ったりするなど、お互いの距離を近づけることは多くありました。「同じ経験をしたことがある」それだけでも関係はフラットになっていきます。ここでも**相手がどんな場なら楽しめるのか、リラックスできるのか、普段の雑談から推測していくといいでしょう。**

全部自分でやらなくたっていい

僕もよく陥ってしまうのですが、自分で全部やろうと思っている人は教員には多い気がします。飲み会を企画するのが得意な人に任せたり、美味しいお菓子を売っているお店を知っている人がいれば教えてもらったりと、それぞれが簡単にできることは違います。自分だけがチームの雰囲気づくりを担っているわけではありません。

それぞれの人たちの好きや得意を役立てていけば、無理なくいい雰囲気がつくれることもあります。また、一緒にお店に差し入れるものを買いに行ったり、飲み会のお店を一緒に決めたりすることも実はお互いの理解を進めるきっかけになります。チームは仕事が速い人の集まりだけでは回りません。むしろ、**ムードメーカーだったり、人と人の潤滑油的な役割をしてくれる人はと**

ても大切です。お互いの強みをつなぎ合わせることが大切です。

子どもの自他理解 ― 生活支援的な見方から ―

子どもは大人に比べて社会的な経験が乏しいが故に、自分の行った行為がどういった意味を持つのかを理解していないこともあります。良いことも悪いことも、無自覚に行っていることも少なくありません。そういうときは子どもたちの行為について振り返ることをしています。

お互いがちょっかいを出して喧嘩に発展する。子ども同士にはよくある一幕です。しかし、こういったときよく「なぜこんなことをやったの⁉」と言ったり、「ごめんねって言いなさい！」といったことを指導としてされる方がいます。それでも本人たちは納得しているのでしょうか。仮にその場は収まったとしても、別の場面で、別の行動が問題になったりすることもあります。

そんなときは「僕は君たちに困らされてないから君たちを怒らないよ。怒る必要がないから」「君たちが困っていて解決したいからいるだけだよ」「自分が何をしたかをお互い話してみて」といったことを話します。最初は子どもたちは警戒しますが、同じようなことを何度も話し、本当に怒らなければ信じてくれます。**お互いを信頼できるから、話せること、受け入れられることがあるのです。**

最初は「俺は何もしてないんだけれどあいつが～」という風に、いつの間にか主語が「あいつ」に変わります。その度に「しちゃったことじゃなくて、ただ、自分がしてたことを話して」と話します。そうするとだんだん「ちょっとパンチした」「くすぐった」と話すようになります。つまりここで自分の行動を理解したのです。事実を確認した後「なんでそうしたの？」と聞けば「遊んでたつもりだった」「パンチされたからくすぐりで返した」というようになります。そういった支援を繰り返していくと自分がしたこと、どのタイミングで不快な気持ちになったのかを自分たちが理解をしてきます。特に興奮していたり、相手を説得することに必死な状態では、会話の論点が流れてしまいます。お互いが話したことを、**話した言葉のままノートに取り、お互いその言葉を見合いながら話をすると、俯瞰して自分たちの行動を見ることができる**ので落ち着いて話せるようになることが多いです。ちなみに、僕は「シェルパノート」をつくり、どんな聞き取りをしたかを記録し、そのノートを教員同士がいつでも見られるノ

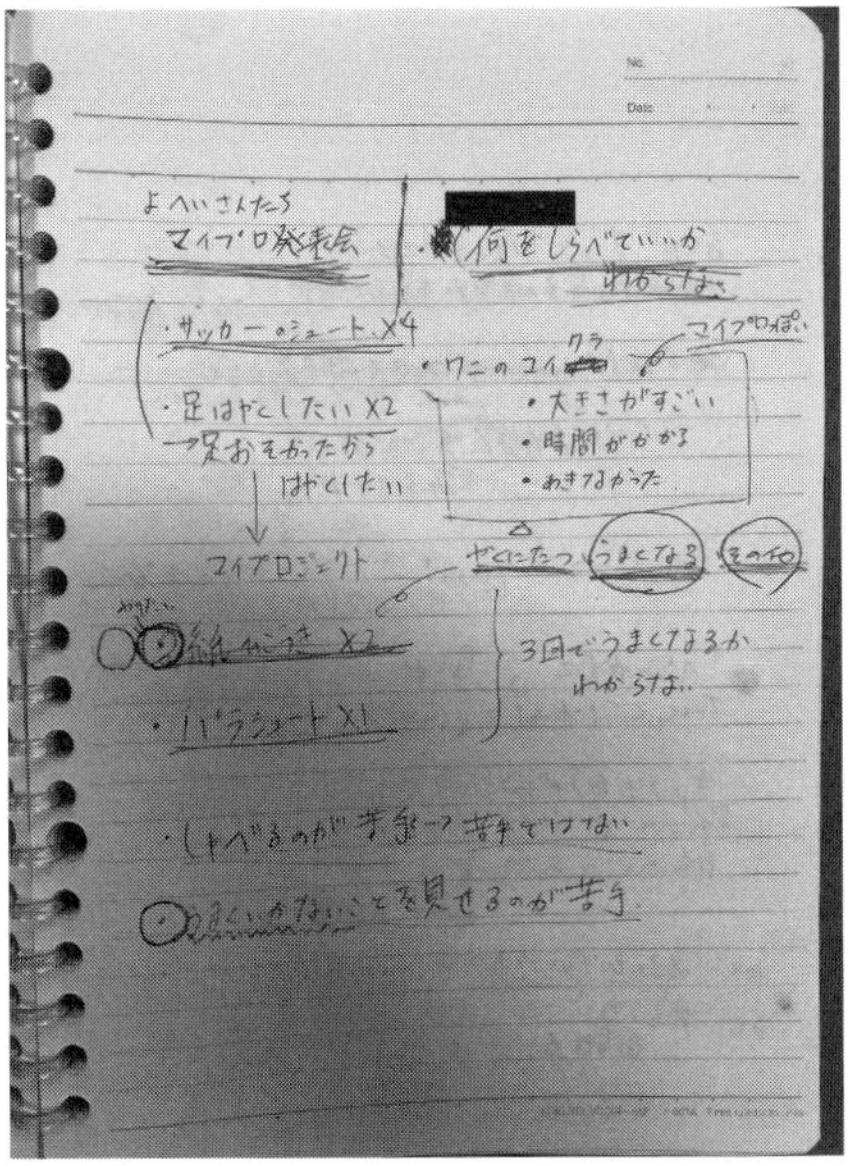

ートをつくっています。これがあることで、別の人が支援したことの記録も見られます。

これはいざこざを解決するときのアプローチですが、むしろ良い変化があったときにも同じことをすることをお勧めします。ある男の子は前年友人とのトラブルが多発して目を合わせられなくなったり、挨拶をしないことが日常になっていました。あるとき、挨拶を僕にしてくれたことがありました。とても自然な流れだったので、見逃すところだったのですが、そのときに挨拶をしてくれたから僕は嬉しい気持ちになったことや、挨拶をすると他人がどんな気持ちになるのかを話しました。

以降、彼は少しずつできる範囲で挨拶をするようになりました。今では友人も多く、放課後は近くのプレーパークで日が暮れるまで遊んでいます。自分のしていることがどういう意味を持つのか、理解したり確信したりすることで日々を安心して過ごせるようになったのだと思います。

保護者との自他理解 ―問題がないときほどコミュニケーションを―

教育の現場では、教師と生徒の関係だけでなく、教師と保護者との関係性も非常に重要です。子どもたちの成長と学びをサポートするためには、保護者との連携と理解が欠かせません。以下は、そのための具体的な方法を示しています。

まず、日常の活動に関する報告を保護者に行う時間を設けることが大切です。後輩には**1日最低15分は保護者のための時間をつくろう、**と話していました。対話と言っても保護者面談のようなものばかりではありません。今日初めてできるようになったことを連絡帳に書くこともあれば、電話で「ちょっといいですか？　特に何か悪いことがあったわけでなく、最近のご家庭のご様子や、こちらでの様子をお伝えできればと思って電話しました」といった連絡をしていました。やはり、保護者からしたらなにか悪いことを起こしたから教員と話すという関係よりも、普段から様子を見てくれて共有してくれる教員の方が信頼されると思うのです。こちらからは最近成長したことは是非伝えるべきことですし、今までどんな家庭で過ごしてきたのか、これからどう育ってほしいのかを何気なく聞くチャンスにもなります。保護者におもねることと保護者と対話して信頼関係をつくることはまっ

シェルパ 初等部
ヒロック初等部代々木校
9月 21
1/10
雨の降り出しそうな木曜日の朝、サークルタイムから始まりました。
今日は雨も降りそうなので、動画を少し見て線状降水帯のことを知りました。気候変動に関心を向けるきっかけになったらと思っています。

たく別物です。普段の教育活動の成果は、その子の大切な保護者にこそ伝わってほしいと思うのです。

もちろん、問題が発生した場合にも適切なコミュニケーションが必要です。その際、「指導をした」という事実のみを伝えるのではなく、これからのフォローアップや寄り添っていく取り組みを保護者に伝えることで、保護者の安心感を得ることができます。

ちなみにヒロック初等部ではclassdojoという学校内ＳＮＳを通じて毎日の様子を送っています。ＩＣＴの力はこういったところで大きな力になります。なぜならば動画や写真など、より事実に近いものを共有できるからです。

言いなりにならない「理解」―「理解」と「受容」―

とはいえ、今までの流れを踏まえてこんなことを感じた方もいるでしょう。

「子どもや保護者の理解をするって、いいなりになるということか？」

「子どもや保護者に意見を自由に言わせたら、どんな苦情がくるかわかったものじゃない」

こういったことを避けるために対話の場を設定してこない組織は多いと思います。

しかし、それはコミュニケーションにおける理解と受容の違いを理解できていないからだと考えられます。

理解：相手が要求していることを認識する。

受容：要求をそのまま受け入れる。

例に挙げると次のようになります。

保護者：「宿題を増やした方が成績が上がるに決まっているから、宿題を増やしてほしい」

という要望があったと仮定します。

この場合の理解と受容には以下のような違いがあります。

理解：保護者は成績を上げたいと思っていること、そのために宿題を増やしてほしいと言っていることを認識する。

受容：保護者に言われたので（宿題をこれ以上増やすことに効果はないと思いつつも）宿題を増やす。

このように、理解することは相手の意見や要求を認識し、その背景や動機を探ることを意味します。一方、受容することはその要求や意見をそのまま取り入れ、行動に移すことを意味します。

しかし、理解と受容は必ずしも一致しないということが重要です。事実、理解することは職員としてのプロフェッショナルな責任の一部ですが、そのすべてを受け入れるわけではありません。

そもそも教員への要望は全体の一部という事実を認識する必要もあります。

他の保護者からは「宿題が多すぎて子どもが疲れている」との意見が出た場合、その声もまた同じくらいに理解する必要がありますし、そもそも宿題への意見を持たない方もいます。今の量の宿題が適切だと考えている人は、わざわざ教員にそのことを話さないでしょう。一部の方の意見は一部の事実だと捉え、決して全体の総意ではないという事実からずれないことが大事です。

また、教育への科学的な理解も大切です。ジョン・ハッティによれば「小学生における宿題の効果はほぼゼロ」という結果が出ています。

学習科学の研究はすべての場面、すべての子どもに当てはまることではありませんが、一つの科学的な指針を示してくれます。教員としてこういった科学的な前提を無視し、保護者の不安解消のための要望に応えたり、逆に教員の思い込みで教育活動を進めることは、子どもの自由を奪う行為につながってしまいます。

とはいえ、ＥＢＰＭ（エビデンス・ベースト・ポリシー・メイキング。証拠に基づく政策立案）が昨今話題です。今まで政策は、経験、伝統に基づいて策定されている傾向がありました。具体的なデータやエビデンスの裏付けがないまま政策が進行することもありました。そのため、効果的でない政策が継続されるリスクがあったり、無効または非効率な政策に資源が割り当てられることで、税金などの公共資源の無駄遣いが発生する可能性がありました。

これは教育にも当てはまります。「○○すると成績が上がる」といって子どもの自由を奪った結果、精神的なストレスやモチベーションの低下が引き起こされることがあるのです。例えば、「長時間の宿題が良い成果をもたらす」という前提で、子どもたちに過度な量の宿題を課すと、一見、学力が向上するように見えても、その背後には子どもの疲れやストレス、学びに対する楽しさの喪失という問題が潜んでいることが考えられます。

なので、**どうありたいか、どう学びを進めていくかを決め、実現しているか、振り返る作業も大切です。**本書ではこの一連の流れを「ポリシーメイキング」と呼びます。次章で詳しく解説しますが、自他の理解の延長にはこの「ポリシーメイキング」があります。

ヨヘイさんってどんな人？

ヒロック初等部　堺谷武志

ヨヘイさんと初めて出会ってから5年になろうとしています。出会った人の心をつかんで離さないあの小動物系の愛くるしい笑顔はあの頃からまったく変わりません。思い出は色々とありすぎるのですが、あえて一つだけ挙げるとすると、「思いやり」の話かなと思います。

設立準備中にヒロックの方向性について対話をしていたときに、ヨヘイさんが「学校って思いやりが大切と言うけど、それをきっちり評価したりする仕組みがない」と言い出したのですね。こういう発想をする人と一緒にやれるっていいなあと改めて思った瞬間で、実際にそれはヒロックで大切にしたい資質・スキル４Cの「Caring（思慮）」として結実して、実践されています。

このように僕にとってヨヘイさんは「思いやり」の人です。Co-learnerや同僚との対話にも、プライベートでの音楽活動にも、その先にいる誰かへの思いやりがあります。同時に、戦う人でもあります。あの笑顔に騙されがちなのですが、ガンコで不器用、繊細で疲弊しやすいタイプです。状況へのとまどい・もどかしさ、ふと芽生える偏見や思い込み、彼自身そういうものと日々格闘しているように見えます。そのときの強い味方（武器？　おまじない？）が「対話」であり「よはく」なのかなと思います（違ったらごめんなさい）。

column

ちなみに、現場で普段から「対話ドリブンじゃ」とか「よはくじゃ、コラっ」と特段叫んでいるわけではありません。淡々と対話。むしろ彼からよく聞くのは「具体」という言葉でしょうか。一人一人にとっての具体的な事実や感情を理解しようとする姿勢がとても印象的です。

それが最も発揮される場面は、子どもとのやり取りです。なにかやらかしちゃって反射的に構えちゃう子どもにトコトコと寄って行って「怒ってないよ、僕、損してないし」「今、少し話してもいい？ それとも、後がいい？」と声をかけ、話を聞いて、ノートを取って、あとでそれを一緒に見る、また話す。これを時間かけて全員とやる。そうやってその子への理解に少し当たりをつける、手を打つ、様子を見る、話をする、これをひたすら繰り返しています（ちなみに、これをシェルパ間でチームとしてやっているのがヒロックの「見取りシェアリング」の仕組みです）。

ヨヘイさんから学んだことは、教育における対話・よはくは子どもの具体の共有から始まる。そして、その大変さ・すばらしさに最も共感できるのは保護者や教員仲間である。彼らの「具体」をも大切にする文化をつくっていきませんかというメッセージ（あっ、思いやりだ！）。

とは言っても現実的には難しいこともあると思います。まずは自分と自分が大切にしたい人のため、できることから始めればよいと思います。そのときにこの問いが生きてくるかもしれません。「あなたはどうして教員になりたかったのですか？」

第2章

「よはく」のつくり方

よはくの定義

この本を手に取った多くの教員の方々が、「よはく」がない状態で教員生活を送っているのではないでしょうか。何をするにもやる時間がなければ、始められないか頓挫してしまうでしょう。時間も手間もかけずに学校を変えていくことは不可能です。そこで、まずは「よはく」をつくるための対話を始めることを提案します。

しかし、その前に「よはく」とはどういったことを指すか。いくつかの側面に分解して考えてみます。

時間的よはく：業務の中に「時間の余裕」を持つこと。これにより新しい取り組みや反省の時間を確保することができます。

精神的よはく：業務に対して過度な重圧がない状態。よはくがあると視野が広がります。

対人的よはく：様々な人と関係を保てたり、主義主張が対立したり、熱い議論になっても関係が壊れない関係を指します。対人的なよはくがあると次に挙げる選択的よはくも生まれやすいです。

選択的よはく：様々な手段をとってもいい権利。また、ある方法が失敗しても、違う手法を取れるだけのよはくがある状態。

よはくがある組織とよはくがない組織

「よはく」がある学年団と、そうでない学年団のエピソードを比べてみましょう。

〈「よはく」がある学年団のエピソード〉

今日は16時から学年会です。夏休み中なので宿題やテストの丸付けや雑務も少なく、ゆっくり話ができる期間です。それぞれの分掌からも重い仕事がないので、学年団の先生方の顔も晴れやかです。

この学年団の年齢層は20代から40代までと様々ですが、あまり衝突が起きません。衝突する前にどうしてそう思ったのかを聞き合うから、人間関係が壊れにくいのでしょう。また、学年主任は「目の前の子どもが伸びたかどうかだけを考えましょう」という方針でした。なので、クラスの進度が違っても問題にしませんし、保護者にもその意向を学年通信で伝えています。そんな中、新人の教員が、

「うちのクラスは一人一人の理解に差があるので、授業より自己調整学習を試してみたいと思います。先週勉強会でやり方を習ってきたんです」

学年主任はこう返します。

「なるほど、せっかく研修で学んだことだからどんどん試そう。ただし、本当に効果があるかどうか、どんな効果が出たかは振り返る時間を持とう。うまくいかなかったらやめたり、修正すればいいのだから」

「ありがとうございます！」

「どのぐらい試したい？」

「まず1週間やってみようと思います」

「そしたら来週のこの時間は振り返りに使おう。その代わり、今日は先に来週までの仕事の洗い出しをしよう」

先に挙げた4つのよはくが入ったエピソードです。

しかし、同じ学年団、同じ会話でもよはくがない場合は次のようになる可能性があります。

〈「よはく」がない職員室のエピソード〉

今日は18時から学年会です。運動会前でグラウンド整備の準備があったのと、保護者からの苦情の対応や、溜まってしまった宿題やテストの丸付けに時間がとられてしまったので、定時過ぎてからの会議になってしまいました。それぞれ先生たちは、分掌からも重い仕事がいくつか振られていて、会議よりも、正直作業を進めたいというのが本音です。連日の残業が重み、先生たちにも疲れが溜まっています。

この学年団の年齢層は20代から40代までと経験に差があるので、トラブルがあると緊張が走ります。どうしても若手は意見が言いづらく、トラブルも抱えがちです。「どうしてこの前教えたやり方をそのままやらないんだろう」。これが学年主任の悩みでした。逆に新人は「正直、この前教わったやり方は難しくて子どもの集中が切れるんだよな」ということを思っています。しかし、トラブルがあった上に別のやり方を提案するとどうなるか想像に難くありません。「実は今クラスがうまくいっていなくて。この前読んだ本に書いてあった学習法を試そうと思っているのです」「前教えたやり方ができるようになってから提案しなさい」。以前似たようなことを言われたことがあったからです。

最終的に子どもの現状の共有はできず、翌日に迫った運動会の予行演習のスケジュールの確認に終始しました。

このエピソードが示すように「よはく」がないと、どうしても一歩先のことしか見えなくなり、学校運営は火の車に陥ってしまいます。

「よはく」を持つこと。それは単に「楽をするため」ではありません。「よはく」を持つことは、**「中長期的に考え、高い効果を狙うため」**の戦略です。

そもそも会議って何？

知人からこんな愚痴を聞いたことがあります。

「会議が定時過ぎに設定されていた上に何時までやるか決まってないんだよ。しかもいつも話すのは主任ばかりだし」

しばしば会議を行うとなると、業務時間外に会議が設けられたり、発言する人が限られていたり、いつの間にか論点がずれていたり、報告書を読み上げるだけの時間が過ぎたり、そもそも会議の目的がなかったりすることがあります。

良い会議とはどんな会議でしょう。良い会議とは「会議をしたおかげで後の作業への良い影響がある」ことだと思っています。複数人が一堂に会す。もし5人で1時間話すと5時間分の作業量を使うことになります。5時間分以上の効果が見込めない会議は行わない方がいいです。そもそも言えば、会議は定期的に行わなくてもいいものだと考えています。決めることがなければ作業時間にすることだってできるはずです。会議はしなくてはいけないもの、という前提から問い直すこともとても大切です。その上で会議についての考え方を提示します。

まず、会議のルールを設定することが重要です。僕は次の5つを会議するメンバーに伝えます。

①会議は共有と決定の場であること。
②報告と提案は分けること。
③報告にはあまり時間をかけない。問題や解決を望む事項、決定すべき事項を明らかにすることが重要であること。
④決定方法を決めること（最終的に主任が決めるのか、多数決なのか、困っている本人の納得感なのか。そのときの最適な決め方は違います）。
⑤緊急時以外、会議はなるべく日を決めておくこと。ただし、議題がなければ作業時間とする。

次に、価値観の共有も会議の成果を大きく左右します。その前提となる価値観は次のようになります。

①困っていることを開示できる方が良い。
②業務ごとの好き嫌いは開示できた方が良い。
③会議に参加する人が持つコミュニケーションスタイルを理解すること。

会議では、気を遣って困っていることを言い出せない人がいるかもしれません。しかし、そのような困りごとを開示できる関係性が築かれている方が、問題が大きくなる前に対応できます。たびたび登場している、「実は…」と聞けるか、言えるかが大切ということです。**「ちゃんと困っていることを開示する」この行為は、何よりも褒められるべきです。**「困っていることを伝えられてナイスです！」後輩に対してはこういった言葉で伝えることもありました。後輩からしたら勇気のいることですし、先輩である僕に開示してくれたということは、「実は…」が言えるチームだということを彼ら彼女らが表現してくれたからです。モチベーションに直結する、業務ごとの好き嫌いも共有されるといいです。嫌なことをやらない、ということではありません。嫌なことをどれだけやっているかを理解し合えれば、どのように仕事量を調整するかの基準にもなります。

また、全員のコミュニケーションのスタイルは違うという前提に立つことも重要です。話しながら考える人もいれば、考えてから話す人もいます。その日に答えを出したくない人も、その日のうちに答えにたどり着きたい人もいます。ここでも「実は…」と言えることは大切です。「実はすぐに考えがまとまらないことが多いんです。次の会議に結論を出す、ということでもいいですか？」そういうコミュニケーションができるのであれば「なんであの時言わなかったんだ！」ということもなくなるでしょう。

こういった前提はとても大切です。しかし、前提を理解するだけでよはくはなかなかつくれません。よはくをつくれる会議の仕方をご紹介します。

時間内に会議が終わる仕組み

通常の学校でも流用しやすいように、開智望小学校時代の僕が主催する会議の方法を紹介します。会議の時間の上限は45分です。なぜなら全員が空いているコマで行っているからで、50分後には別の授業が始まるからです。定時外に仕事を持ちたくないし、持たせたくないので、こういった会議設定はかなり意識していました。

事前に設定された会議となると、話す内容を事前に全員が考えたり、資料をつくらなくてはいけなかったりします。しかし、そうすると1回の会議を行うのにプラス数時間の準備が必要になります。その準備の時間をなるべく少なくすることはできないかと考えたのが次の方法です。

①google slidesの共同編集機能を使う（共同編集機能があればgoogle slidesでなくともよい）。
②報告を書くスペースと議論したいことを書くスペースに用意する。
③前回の会議の記録と同じファイルに作成する。

このシートをつくっておけば、会議開始10分間で入力してもらい、報告はお互い読み合うだけですみます。そして議論したいことに時間をかけるようにしています。45分で終わらない議題は

報告

＞教務
・終案の提出をお願いします。
・面談に向けて児童情報の記入をお願いします。
→ファイルはこちら

＞指導部
・登下校時に不審者がいたそうです。各クラスで注意喚起をお願いします。
・QUテストを行います。6/15の1時間目に全校統一で行いますので事前にご確認ください。

＞各クラスより
3-1
・[redacted]先生のリズム漢字の実践を真似したら漢字が前よりもできる様になりました。
・割り算の理解が難しい子がいます。ハンズオンでの授業を考えています。1対1対応でも難しければまた共有させてください。
3-2
・[redacted]さんのご家庭より授業の相談がありました。6/12に面談を持ちます。[redacted]さんは文章問題が最近できる様になってきているので、そちらは報告しようと思います。
・3-3
・梅雨に入り元気がない子が数名います。今週はペースをゆっくりにして活動していきます。

議論

＞音楽科より
合唱コンクールの歌を各学年段で決めて欲しいそうです。なにかにしましょう。

＞宿題について
・宿題の効果がそこまで大きくない様な気がするので、頻度を減らすことを議論したいです。
→宿題の方向性:反復練習で答えが決まっているもの
→短い時間でできるもの
→複雑な思考を要するものは授業で扱うことでいかがでしょうか。

【議論済】
＞面談前までにすること
→児童情報の記入
→気になるご家庭に現状の共有と質問の先取り
　→短い面談時間を有効に使っていきましょう！

次回に持ち越します。

　恥ずかしながら、僕は大変仕事が遅い方ではあるのですが、このやり方を続けることでよはくを生むことができました。なにより放課後に会議を持たなくていいのですから、放課後は次の日の準備や他の職員との対話に使えました。逆にそのよはくがあったからこそ、自分のミスにも、他人をフォローしなくてはいけないことにも気づくことがありました。忙しいとき（コロナ禍で学年主任、ＩＣＴ主任、教育実習の指導教官、入試の作問担当、説明会の担当が重なったとき）もこの運営方法で乗り切ることができました。もちろん、共に働いたメンバーが大変優秀な方々だったことが一番の要因ですが…。また、この会議の方法で年間を通じて顕著な効果が見られました。学年に対する直接面談が必要とされた苦情は、わずか3件に留まりました。そちらも一度面談を持ったあとは、継続的な不安とはなりませんでした。

よはくを生むことはクラス経営にも好影響がありました。新人教師のクラスでのＱＵテストの満足度は、１学期は30％程度でした。しかし、２学期は70％まで上昇しました。よはくの意味を感じた大きな経験でした。僕自身のクラスともう一人のクラスでは、ＱＵテストの満足度が95％から１００％に達しました。ちなみにＱＵテストの満足群の全国平均は35％ほどです。ＱＵテストの点数を上げることが目的ではありませんが、この成果は、会議での早期問題発見と、それに基づく迅速な対応が生み出したものです。

よはくを生み出す会議の仕方

チームで何をするべきかは、しばしば主任だけが把握していることがあります。「うちの主任は仕事を振るのが下手で」「部下が思った通りに動いてくれない」などの問題は、「ゴールはどんな状態なのか」が共有されていないから生じます。

このような問題が起こっているときは、次の３つを意識すれば解決に向かいます。

①　メンバーが今どんな状態かを共有する
②　役割と得手不得手で発生する業務に対する向き合い方の違いを共有する
③　どんな業務が今あると考えているかを共有する

これらの前提は、チームは一人一人違う役割を求められ、忙しい学校の中では複数の業務を持つことが当たり前であるからこそ大切ですが、同時に意識から外れやすい行動です。メンバー同士の摩擦は、仲が悪いとか人間性に問題がある場合、これらの前提をクリアしようとする工夫がないときに発生すると考えています。

以下ではそれぞれをクリアする工夫を紹介します。

①　それぞれのメンバーが今どんな状態かが共有されていること
②　それぞれの役割と得手不得手で業務に対する向き合い方が違うこと

以前、ＩＣＴ部で行っていた工夫を紹介します。

図の左側には役職と業務を、右側には今の状況を書きます。大切なのは立場やキャリアに忖度

五木田 3学年主任、ICT部主任 運動会役割決め、入試作問、 教育実習生指導	週案を書くのがめんどくさい… 無くしてもいいと思ってる。
秋山 2学年クラス担任、学芸会担当 学芸会の役員との打ち合わせ、 それまでに企画書を書く。 QUテストの発注	クラスの子の保護者から苦情が 来ていて対応に困っています。
渋瀬 1学年クラス担任　運動会担当 メールリスト管理、運動会スケジュールを 決める（10/4まで）	宿題の丸付けが多くて時間が つくれません。
塩谷 3学年理科専科 発表会担当 発表会の振り返り、PTAとの窓口	先週締め切りの業務が終わったので すこし余裕ができました。

なく自分の状況を開示することです。

この本で一貫して問題視していることの一つに、教員の業務量の多さが挙げられます。あまりにも雑務が多く、しかも複数のポジションを兼任することが当たり前になってしまっていますが、どんな人もマルチタスクができるわけではありません。ましてや教員になった動機が一人一人違う中で、それぞれに降ってくる業務すべてを、やる気に満ち溢れた状態でできることは稀です。こういった自己開示をすることで、お互いの現在地が見えるようになります。

ここでも先ほどの前提が当たり前になっているかが問われます。

① 困っていることを開示できる方がよい

② 業務ごとの好き嫌いは開示できた方がよい

一番最悪な状態は「気を遣って困っていることが言えませんでした」という状態です。聞ける関係を築けなかったことも、言える勇気を持てなかったこともどちらも問題です。その後問題が起きて、教員本人の学びになればまだいいですが、困るのが子どもたちの場合、それは教員としての職務を果たせていないことになります。

以上のことからもお互いの現状を共有することは、とても重要だということが伝わるでしょう。

次に③についての工夫を紹介します。

③それぞれの役割から見えるものを共有する

次のような図をチームメンバーと一緒に描くことをお勧めします。

ここでは、全員で行う仕事を書き出します。その際には難易度を色分けしたり、縦軸には重要度を、横軸には締め切りを意識して整理します。こちらも前述の方法と同じく、google slidesの共同編集機能を使用しています。一度書いて終わりではなく、毎回同じシートを使い、業務の位

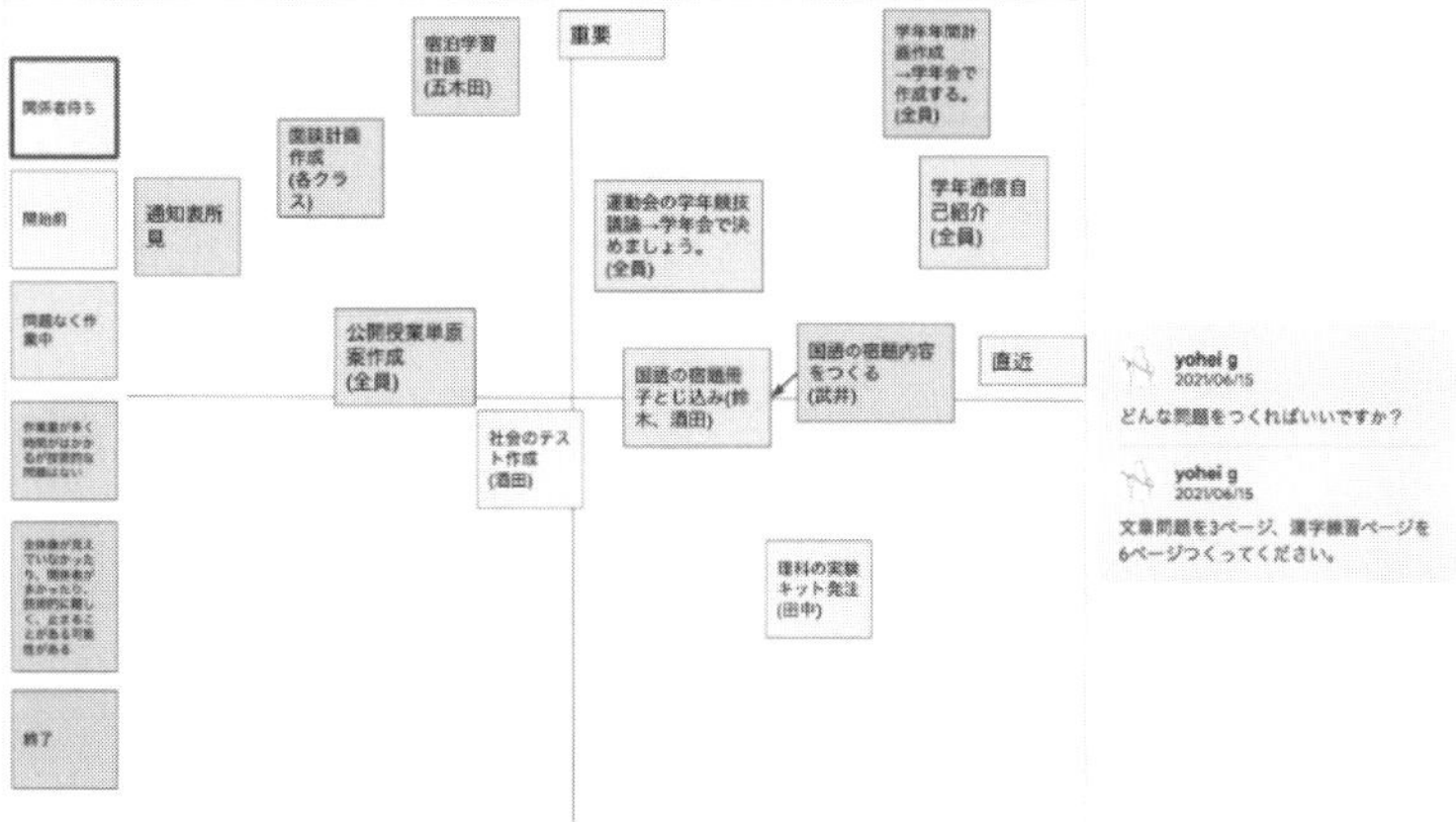
関係者待ち
開始前
問題なく作業中
終了
通知表所見
面談計画作成(各クラス)
宿泊学習計画(五木田)
重要
学年年間計画作成→学年会で作成する。(全員)
運動会の学年競技議論→学年会で決めましょう。(全員)
学年通信自己紹介(全員)
公開授業単原案作成(全員)
国語の宿題冊子とじ込み(鈴木、酒田)
国語の宿題内容をつくる(武井)
直近
社会のテスト作成(酒田)
理科の実験キット発注(田中)
yohei g
2021/06/15
どんな問題をつくればいいですか？
yohei g
2021/06/15
文章問題を3ページ、漢字練習ページを6ページつくってください。

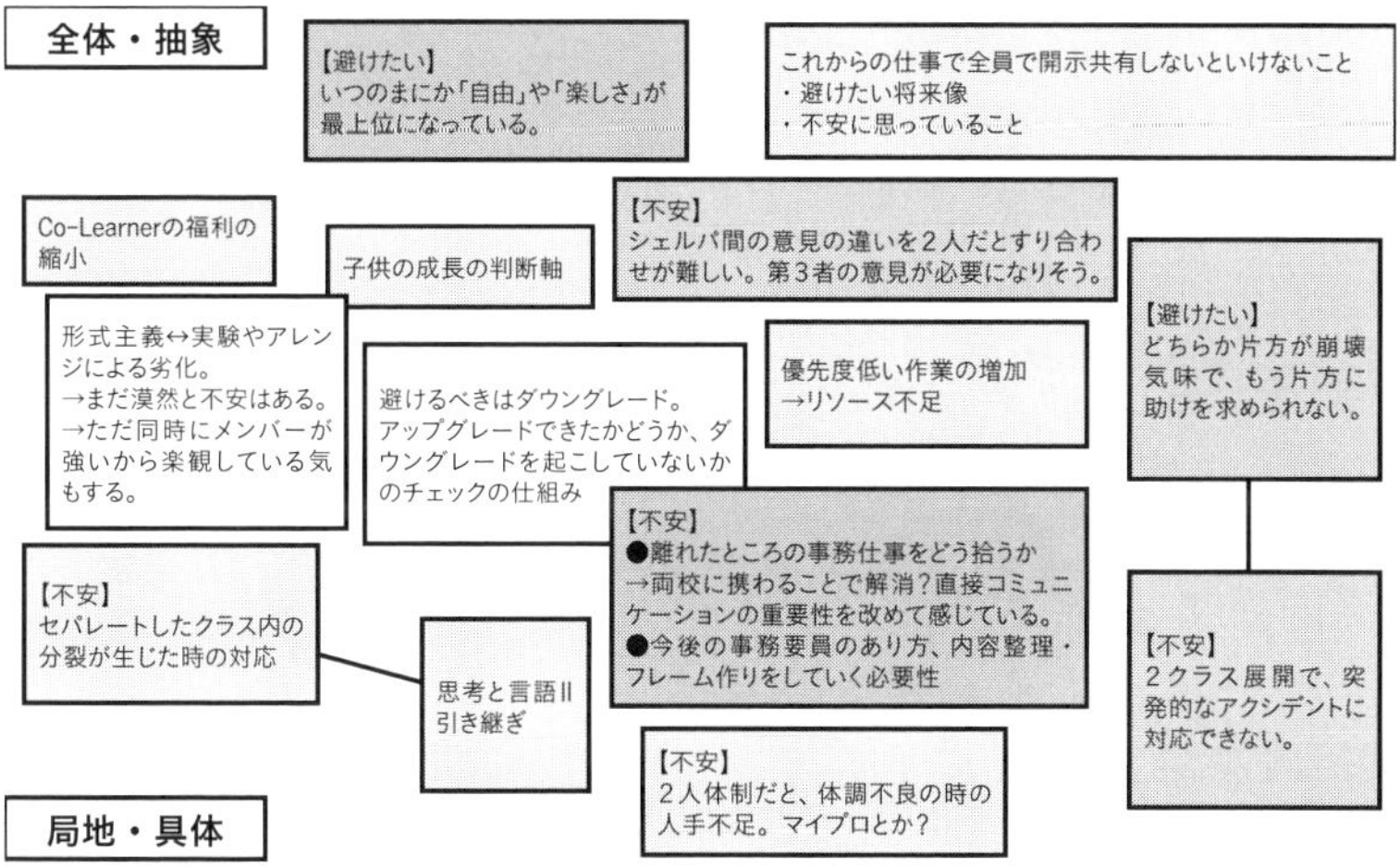
全体・抽象
【避けたい】
いつのまにか「自由」や「楽しさ」が最上位になっている。
これからの仕事で全員で開示共有しないといけないこと
・避けたい将来像
・不安に思っていること
Co-Learnerの福利の縮小
子供の成長の判断軸
【不安】
シェルパ間の意見の違いを2人だとすり合わせが難しい。第3者の意見が必要になりそう。
形式主義↔実験やアレンジによる劣化。
→まだ漠然と不安はある。
→ただ同時にメンバーが強いから楽観している気もする。
避けるべきはダウングレード。
アップグレードできたかどうか、ダウングレードを起こしていないかのチェックの仕組み
優先度低い作業の増加
→リソース不足
【避けたい】
どちらか片方が崩壊気味で、もう片方に助けを求められない。
【不安】
●離れたところの事務仕事をどう拾うか
→両校に携わることで解消？直接コミュニケーションの重要性を改めて感じている。
●今後の事務要員のあり方、内容整理・フレーム作りをしていく必要性
【不安】
セパレートしたクラス内の分裂が生じた時の対応
思考と言語II
引き継ぎ
【不安】
2クラス展開で、突発的なアクシデントに対応できない。
【不安】
2人体制だと、体調不良の時の人手不足。マイプロとか？
局地・具体

置を入れ替えたり、新しく発生した業務を追加したりします。チーム全員がこの図を使い慣れると絶大な効果を発揮します。

主任だけが全体を見える位置にいるとされていたら、主任が業務を決定し、部下に指示するスタイルになりやすいです。そこでは個人の能力さや不安、逆に言えば本当はやってみたかった仕事が振られないことを見逃したり、無視したりして業務を割り当てるリスクがあります。また、部下の意見や考えが十分に反映されにくいという欠点があります。「**それぞれの役割から見えるものがちがう**」のです。そのため、部下が業務に対するモチベーションを維持しにくく、また、新しいアイディアや意見が生まれにくい可能性が高いです。

全員の意見が反映されるこの方法では、部下も主任も平等に意見や考えを共有することができます。特に新人や口下手なメンバーが、口頭での発言よりも書き込みやすくなります。なにより、書いているものに対して重要だったり、そうでないことを議論しているので、そのタイミングで「何を重要とするかがそれぞれの役割と信条で違うこと」が理解できる機会にもなります。こういったことも「お互いの理解」になります。

よはくを生み出す会議の仕方 ―自分と相手の不安を知る―

不安に感じているときこそ、「実は…」と言いにくいことではありますが、全員が不安を出し合う場をつくることで解消できます。どんな立場にも不安はつきものです。こういった会議を行えば、業務に関する不安や疑問も共有され、それに対する解決策やアドバイスが得られる可能性が高まります。

ヒロック初等部では2年目に2校目を創る計画をしました。その際、P.79の図の下部にあるシートで、全員の不安を書き出しました。内部情報になってしまうため、擬似的なシートですが、参考になれば幸いです。

不安は性格だけでなく、立場によっても生まれます。**大切なのはちゃんと不安を可視化することと、解決の糸口を見つけることです。**

混乱をどう乗り越える？ タックマンモデル

学校レベルの変革は難しいことも多いです。ですが、学年団などの中集団で「よはく」をつくりだすことも可能です。

学年団や分掌会の運営を任された主任の皆さん、そしてその支えとなる方々は、日々様々な困りごとを抱えていることでしょう。

それは多くの主任の方が悩まれているように、僕もかつて経験しました。明らかに業務はオーバーフローしていて、どの部会も自転車操業、「はじめに」に書いた通り、もともと人付き合いが苦手な僕は本当に敵をたくさんつくりました。

実は繊細な部分もあるので、対立を起こすたび（繊細なくせに生来の負けず嫌い。どうしても強く出てしまうのです）、家に帰れば寝付けずストロング系のアルコール飲料を煽る日々…。わかりやすく精神が蝕まれていました。根性論が嫌いなくせに根性でなんとかしようとしていました。

そのとき、心の支えとなったのが「タックマンモデル」です。


このモデルを学んだのは仕事が本当に辛かったときでした。セミナーサイトでプロジェクトマネージャー向けの講座を見つけたことがきっかけです。会場には僕と同じように疲れた顔をした会社員が6人ぐらいいました。どの業界でもチームビルディングは課題なんだと感じたと共に、あまりの暗さに会場に入ったとき、「失敗した…」と思いましたが、意外や意外、自分にとっては記憶に残るセミナーでした。

タックマンモデル

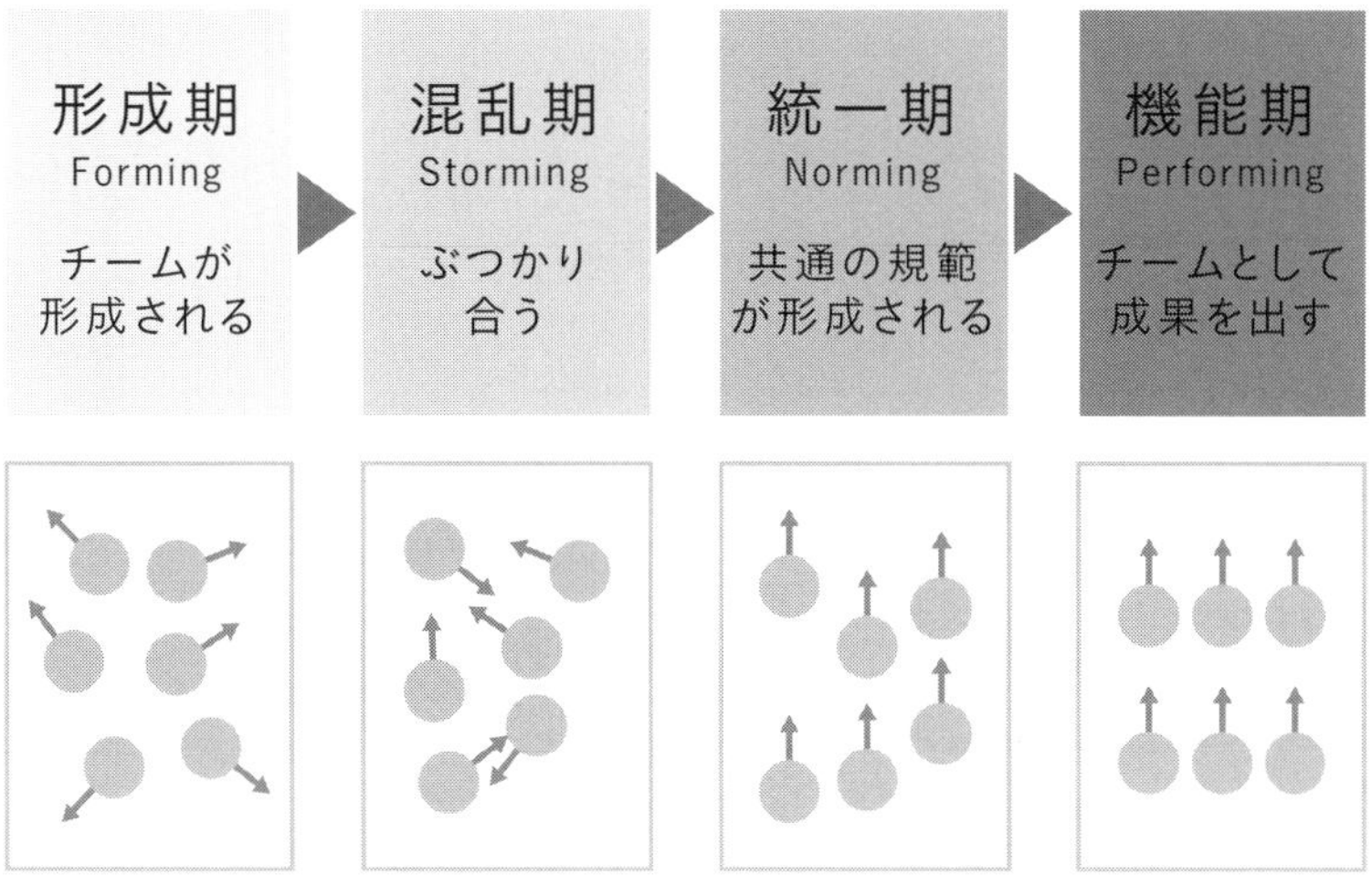

タックマンモデルとは、チーム結成から成熟に至るまでの過程を表したモデルで、各フェーズを理解することでチーム運営の悩みを軽減することができます。このモデルを知ったとき、僕の心は不思議と安定しました。

なぜならタックマンモデルによれば、チームは必ず「混乱期」を迎えるとされているからです。

混乱期とは、価値観が表面化することでチームメンバー間の意見が衝突する期間のこと。

ここで一つ視点が切り変わりました。「**むしろ早く混乱期を迎えてほしい**」。

混乱期が学期末の2月や3月になってしまうと、その後味が悪く、子どもたちにも良い影響を与えることはできません。さらに次年度も同じチームになった場合、過去の混乱期が影響して関係がギクシャクしてしまう可能性があります。

むしろはやくお互いの価値観を表面化させて、乗り越える時間を年度中に残したほうがいい、そのように思うようになりました。その意識の甲斐あって、初めはうまくマネージメントができなかったのですが、年度を追うごとに衝突の総数は減りました。


変化を自覚したのは、タックマンモデルを知ってから3年目。「こうしてほしい」が減って「どうなりたい？」と聞くことが増えたこと。「こうすべきだ」が減って、「僕はこうあるべきだと思うけれど、どう思う？」が増えたこと。後々、こういったコミュニケーションを「自己開示のし合い」と言うんだと知りました。


今の僕であれば、チームで衝突が生まれたとき、こう言うでしょう。

「混乱期ですね。やっとこのステージに来ましたね」

衝突は絶望ではなく、可能性です。

この前提に立てるかどうかが、主任のマインドセットなのではないでしょうか。

子どもにとってのよはく

「子ども」にとってもよはくはとても大切です。先に挙げた、時間的よはく、精神的よはく、対人的よはく、選択的よはくの定義は次のようなものになります。

時間的よはく：授業や学業の中で、子どもが自ら考えたり、自らのペースで取り組むことができる「時間の余裕」。このよはくがあることで、深い理解や自分なりの解釈を得る機会が生まれます。

精神的よはく：学業や学校生活のプレッシャーや期待から一時的に解放される状態。このよはくがあることで、子どもは自ら感じることや思うことを大切にすることができます。精神的に余裕がある状態は、ひらめきの多い学びを実現するために不可欠です。創造的な発想や新しい視点を持つことができます。

対人的よはく：友達や先生、クラスメイトとの関係の中で、意見が異なっても相手を尊重し、相手との関係が維持できる状態。このよはくがあることで、子どもは自らの意見をしっかりと持ちながらも、他者と協力したり、共感し合ったりすることができます。

選択的よはく：学習方法や取り組み方、表現方法など、様々な方法から自ら選択する権利がある自由。失敗しても新しい方法を試す余地があると感じることができる状態。このよはくがあることで、子どもは自らの方法で物事に取り組み、学びの深化や多様な経験を積むことができます。

よはくが欠如したクラス

それぞれのよはくが欠如した仮のエピソードを挙げます。

時間的よはくの欠如

太郎は学校の算数の授業で、自分の部屋に新しいカーペットを敷くための面積を計算する課題に取り組んでいました。部屋は長方形で、縦8ｍ、横6ｍ。しかし、中央に2ｍ×1ｍの机と、一角に1ｍ×1ｍのクローゼットがあったため、カーペットを敷かない部分も考慮しなければならないという複雑な問題でした。

先生は「この問題を解く時間は10分です」と宣言。太郎は焦りを感じながら取り組みましたが、どうしても計算が合わず、何度も試行錯誤を繰り返していました。その結果、正確な面積を求めることはできず、周りの友達の答えを見てしまうことに。

翌日、先生が正解の解法を教えてくれましたが、太郎は時間的なプレッシャーの中で、自分で考えることよりも、答えを覚えることに重点を置くようになってしまいました。後日、似たような問題が出た際にも、太郎は前回学んだ「解法」を思い出して解くのではなく、答えを暗記する方法を選んでしまいました。

このような状況は、太郎だけでなく、他の多くの子どもたちにも当てはまっていました。時間的な余裕がない中での学習は、理解よりも暗記を重視する傾向になり、深い学びの妨げとなってしまったのです。

精神的よはくの欠如

中学2年生の彩花は、テストの結果が続々と返ってくる時期でした。学校や親からの期待に応えるため、彼女は休む暇もなく勉強を続けました。彩花は新しい趣味や興味を持つ時間も精神的な余裕も持てず、日々の学校生活がただの義務として感じられるようになってしまいました。

その結果、彼女の授業への興味や参加意欲は徐々に減退し、学校全体に対するモチベーションも低下してしまった。また、彼女が学校で得られるはずだった新しい知識や体験の喜びは、期待の重圧の下で感じられなくなってしまったのです。

対人的よはくの欠如

高校1年生の玲衣は、クラスでのグループ活動中に自分の考えを主張しましたが、あるクラスメイトから強く反対されました。玲衣はそのクラスメイトを避けるようになり、その後のグループ活動も円滑に進めることができなくなりました。

玲衣とそのクラスメイトの間には対人的な「よはく」がなく、意見の違いが大きな溝となってしまいました。その結果、両者の関係は緊張感を増していき、その雰囲気は周りのクラスメイトにも伝播してしまった。クラスの雰囲気が悪化する中、グループ活動の進行は停滞し、メンバー同士のコミュニケーションも取りづらくなりました。玲衣は、意見の違いから生じる対立を乗り越える方法がわからず、ますます自分を孤立させてしまいました。

選択的よはくの欠如

中学3年生の直也は、美術の授業で自分の作品を制作していました。しかし、指示された方法とは異なる手法を試そうとしたとき、先生に注意されてしまいました。直也は新しい手法を試す勇気を失ってしまい、結局、指示通りの方法だけを使って作品を完成させましたが、彼自身の中での充実感や満足感は得られませんでした。

その結果、直也は美術という科目に対しての情熱や興味を失い始めました。彼はもともと独自の発想や創造性を持っていたので、自分のアイディアや方法を試すことは、彼の美術に対する喜びの一つでした。しかし、その自由が制限され、独自性や創造性が評価されない環境に失望してしまいました。

よはくがないクラスは

4月にはやる気に満ち溢れたクラスも、6月になると荒れ始めるといったことがよく言われます。それはその子たちが悪いのではありません。4月がやる気に満ち溢れているのは春休みの「よはく」が、新年度への期待ややる気を喚起させたことであり、6月になって荒れ始めるのは、その期待と現実とのギャップや学校生活のプレッシャー、新しい環境への適応によるストレスなどが背景にあるからです。

よはくをつくるクラスづくりの方法

身体から整える

子どもたちは新しい環境に適応しようと努力していますが、それと同時に自分の気持ちや感情とも向き合う必要があります。学校は学習だけでなく、自己認識や人間関係の形成の場でもあります。こうした内面的な葛藤や外部からのプレッシャーが絡み合い、クラスの雰囲気が変わる要因となることも少なくありません。まさに先に挙げた「混迷期」のような状態です。「混迷期」を治めようと大人は躍起になります。

子どもたちは、大人の気持ちや思考を非常に敏感に察知します。彼らは大人が場の空気を整えようとするその意図を、透けて見ているのです。対話が大事といっても、よはくがない中で対話をしても、逆にいざこざが起きたり、対話がいつの間にか討論になり、対話の時間自体を嫌いになることも考えられます。

そこで僕は、対話の前に、まず子どもたちの「身体」を中心に考えるアプローチを取り入れることにしました。特に、中学年の子どもたちは、自身の身体の成長や変化に伴うストレスを感じていることが多いです。また、現在の子どもたちは、習い事で忙しいことも少なくありません。

このような状況下で、子どもたちが自らの身体や心と向き合う時間を持つことは非常に大切だと感じました。身体と向き合うことは「よはく」と向き合うことと言っても過言ではないでしょう。そのため、教室内にストレッチポールを配置し、子どもたちが自由にストレッチできるスペースを確保。さらに、トランポリンを導入することで、身体を動かす楽しさを再認識させました。僕自身は、身体から整えることで、多くの問題やストレスが解消されると考えています。

よはくを感じる時間づくり

また、最終的に効果があったなと思ったことは「散歩」です。コロナ禍ということもあり、子どもたちは想像以上のストレスに苛まれていました。友人と話すことすら憚られる。触れ合うことなどもっての他。そんな中で授業を行ったとしても、どれだけ子どもたちのためになるのだろうか。そんな問いと向き合っていました。

ましてや冬になれば日照時間も少なく、「はじめに」に挙げたように体内のセロトニンの分泌も減少し、季節性のうつや気分の落ち込みが強まることが知られています。特に冬は子どもたちの心のケアがより一層必要となります。

そこで、僕は「散歩」というシンプルな方法を取り入れることにしました。毎日、授業の合間や昼休みに、子どもたちと一緒に校庭や学校を一周する時間を持ちました。

また、開智望小学校には芝生のグラウンドがあったので、寝そべって太陽の光を感じたり、瞑想の時間をとったりしました。ヒロック初等部でもそれらは引き継がれ、昼休みは近くの公園を散歩したり、毎日のサークルタイムでは瞑想の時間を取り入れています。

この散歩の時間が、子どもたちの心と身体にとても良い影響を与えたことを実感しました。外の空気に触れることで、彼らの心がリフレッシュされ、また新しい刺激を受けることで、学びのモチベーションも向上しました。さらに、日常のストレスから解放され、友人たちとの自然な会話が生まれる中で、子どもたちの間の絆も深まったように感じました。教員とも散歩しながら対話することもありました。

根底にある価値観 ―チャレンジ バイ チョイス―

子どもたちが時間的、精神的、対人的、選択的な「よはく」を大切にする上で、「チャレンジ バイ チョイス」という考え方を中心に据えることが重要です。「チャレンジ バイ チョイス」とは、プロジェクトアドベンチャーの活動における大切な考え方です。時間をどのように使うか、自分の精神状態とどう向き合うか、他人とどういった関係でいるのか、今何を選択するか、これらの権利は一人一人にあります。これらがない状態は奴隷状態と変わりません。

例えば、漢字テストを行う上で、「チャレンジ バイ チョイス」の考え方を表すエピソードを紹介します。

多くのクラスで漢字テストの練習は宿題として与えられます。しかし、すべての子どもたちが同じように自分の時間をマネージメントするのは難しいことを理解しています。一部の子どもたちは時間に余裕がありますが、他の子どもたちは非常に忙しい日常を送っています。

この漢字テストは教員が提示するものですから、それに向けての**練習時間も提供するのは、教員の責任と考えています**。そこで、次のアプローチをしました。

まず、10問の漢字テストを行う日を子どもたちに伝えました。その上で、自分一人での勉強も、友達との教え合いも自由に選ぶことができます。**学び方、学ぶ時間は自分で決めるのです**。満点を取ることに自信があれば、他の勉強に専念しても問題ありません。そして、特筆すべきは、クラスの15分を自由に使って練習に充てることができる点です。この時間が足りないと感じたら、全体の授業時間をトレードして練習時間を増やすことも可能です。ただ、その場合は失われた授業時間を補うためのアイディアを自ら提案することが求められます。

このアプローチには、自分の時間を自分で管理する「時間的よはく」、テストに向けての練習時間が確保できる「精神的よはく」、勉強の方法やパートナーを自分で選ぶ「対人的よはく」、そして勉強の手段を自由に選べる「選択的よはく」の4つの側面が含まれています。これにより、子どもたちはテストの準備をより柔軟かつ主体的に進めることができました。

カリキュラムレベルでよはくを考える

一番難しいことですが、学校の理念やカリキュラムから考えることは、抜本的によはくをデザインすることにつながります。ここで僕たちが設立したヒロック初等部について説明をさせてください。最初はよはくとは関係なく映るかもしれませんが、よはくのデザインをすることは、カリキュラムをデザインすることと密接に繋がっていることをご理解いただけると思います。

カリキュラムとは

一般的にカリキュラムとは「教育計画」を指すことが多いようです。しかし、僕たちはそう考えていません。鹿毛雅治、奈須正裕らの『学ぶこと・教えること』の次の文を参考にしています。

> これまで述べてきたように、カリキュラムとは通常教育内容の計画を指す。しかし、3章でも検討したように、教師としては教えたつもりでも、さまざまな理由から子どもがそれを学べないことは少なくない。実際の学習は、教える側の意図や計画を超えたところで展開されているのである。ならば、計画のいかんによらず、結果として、一人ひとりの子どもが経験したものをカリキュラムと見てはどうか。カリキュラムとは、個々

人の経験の総体であるというカリキュラム観、経験としてのカリキュラムという概念がそこにある。そもそもカリキュラムという言葉には、集団で行う規定された活動のコースといった意味はなかった（浅沼茂、1995）。履歴書をcurriculum vitaeというように、カリキュラムとは、一人ひとりが歩むべきコース、または歩んできた道という語源がある。そのような意味をもつカリキュラムという言葉が、国家までが関与する教育内容の計画という意味に転じた背後には、学校が個々人の道をあらかじめ決めるという、近代における個人の発達過程の公的規定の拡大がある。したがって、個々人の経験の総体というカリキュラム観は、何ら特異なものではなく、むしろ本来的な概念である。あるいは個々人の学習履歴といった方がイメージしやすく、実践的かもしれない。

『学ぶこと・教えること—学校教育の心理学』鹿毛雅治・奈須正裕

つまり、僕たちは「**何を教えるか**」ではなく「**どんなふうに身についているかを確認する**」ことを大切にしています。具体的な大きな違いは「掛け算は2年生で教えるもの」という認識ではなく、「掛け算に興味を持ったり、掛け算の仕組みを理解できる準備がある子に理解できる機会を提供する」といったイメージです。

カリキュラムオーバーロード

話は戻りますが、「2年生で掛け算を習得しなくてはいけない」学校ではつまずいている子への短期的なアプローチは「一対一のサポートをすること」「宿題を増やすこと」「居残りテストをすること」です。

決められた時数と人数の中では、全員に体験的な教育活動をすることも難しいでしょう。ここにもよはくがあるかどうかの論点が潜んでいます。

世界的に**「カリキュラムオーバーロード」（過積載）が問題となっています。**日本で言えば英語や探究、STEAMなど新しい教科を教えなくてはならなくなってきています。

しかし、学習内容は増えることはあっても減らすことは稀です。教育計画としてのカリキュラムがてんこ盛りの状態になってしまっていて、結果、教員側にも子ども側にもよはくがなくなってしまっています。つまり、よはくをつくることは、学校の理念やカリキュラムレベルから変える必要があると言えるでしょう。

ヒロックのカリキュラムの概要

ヒロックのカリキュラムは大きく分けて次の五層構造になっています。

①学校の目的はなに？

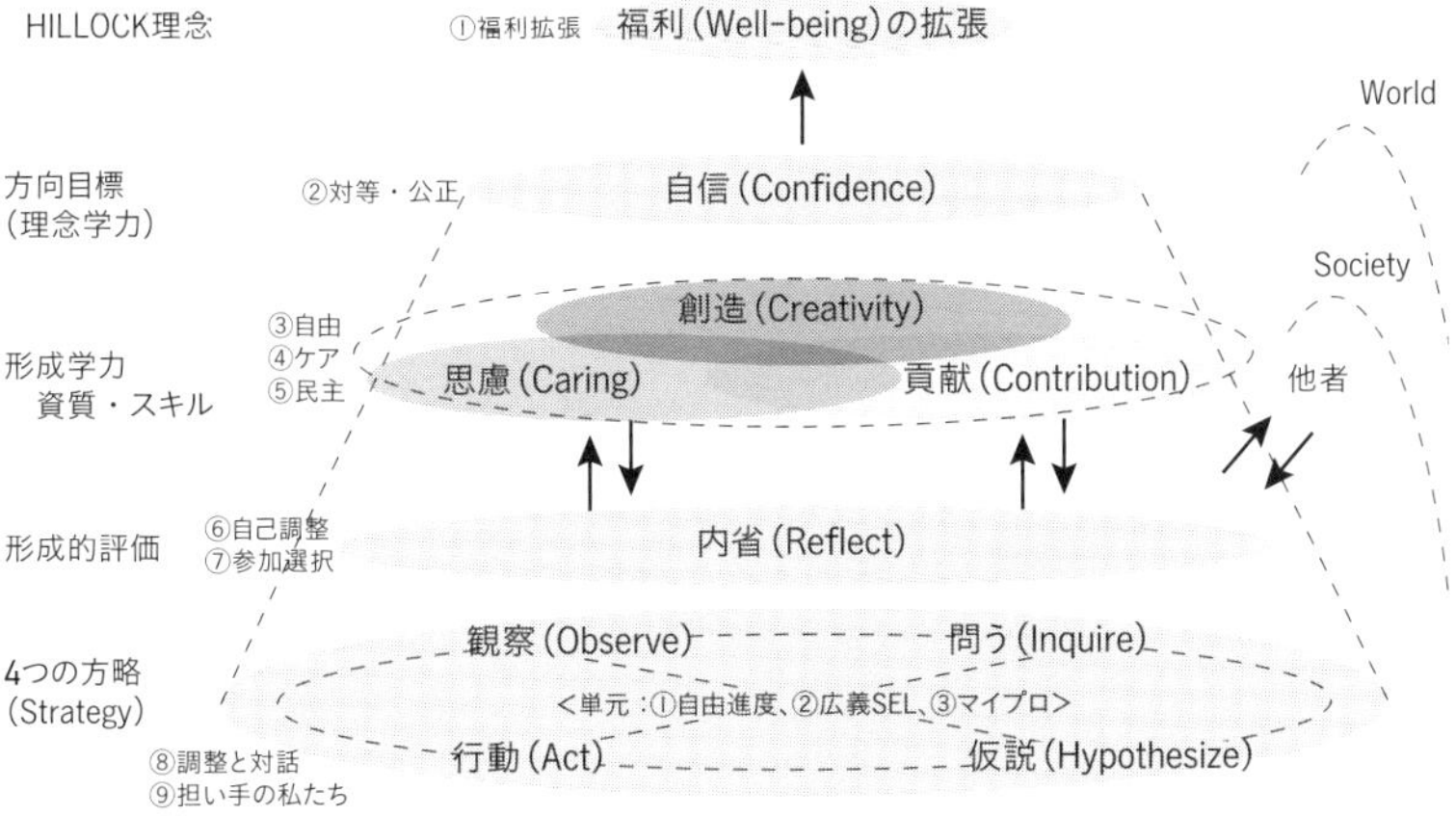

※①～⑨はヒロック宣言の条項　※2：単元を材料として方略のテーブルに載せる　※3：評価：内省と＋他者フィードバック・フォワード

①　ヒロックの理念
②　方向目標（理念学力）
③　形成学力・資質・スキル
④　形成的評価
⑤　４つの方略

ヒロックは、コゥ・ラーナーの福利の拡張に向けて教育活動を行っています（①）。

福利が拡張されるにはなによりも「自分自身を愛せること」「自分自身に自信を持てること」「自分は望んだ場所にいていいこと」といった自信（Confidence）を持てるようにすることだと考えました（②）。その下に形成学力として創造、思慮、貢献ができることを置きました。自信には大きく分けて２つの要素があります。

１つは「自己肯定感」。自己肯定感とは「ありのままの自分を肯定する、好意的に受け止めることができる感覚」を指します。何ができてもできなくても、自分を愛することができるのは尊いことです。つまり、「人と比べることなく、自分らしく在る」姿を大切にしています。

2つ目は「自己効用感」。自己効用感とは自分が何かに作用できることで得られる自信を指します。その自己効用感を分解したとき、僕たちは創造、思慮、貢献の三要素に分けました。

創造といってもなにか仰々しいものを創ることではなく、「一歩踏み出す勇気」を大切にしています。今まで友達がやらなかったことをやってみること。それは大変創造的な営みです。めぐりめぐって想像力が強く発現する子は、多くの人に影響を与えるものや、考え、行動を創りあげるでしょう。

思慮はお互いを慮ること。慮るには何がその人に必要で、何がおせっかいになるかを知る必要があります。思いやる行動をすること、思いやりに溢れたことを受け取ること。誰かが困っているときに助けること、困っていること自体に気づくこと。そういった温かい人間関係のなかで自信がついていくと考えます。

貢献は思慮と似ていますが、チームに貢献するといった意味合いを含みます。簡単な例で言えば、「遠足のときに集合時間を守る」「誰も見つけていなかった汚れを見つけて掃除する」といったことです。自分なりの関わり方でチームに貢献する。まさに「自分が何かに作用できることで得られる自信」につながります。

今回は詳細の説明を省きますが、これがヒロックのカリキュラムフレームワークです。

時間割と勤務時間のデザイン

時間割は次頁のようなものです。自由進度学習やマイプロジェクトといった時間は自分で何を、どのぐらい、どういった方法で行うのかを決めます。詳細は省きますが、チームで行う学びもこちらから一方的に決めることはほとんどありません。時間的よはく、精神的よはく、対人的よはく、選択的よはくを大切にしたいと考えているからです。

ここで特筆すべきは学習の内容もそうですが、9：00に始まり14：30に終わるという設計です。もともとこの時間割にした大きな理由として「子ども本人が放課後を自由に使えるようにした方がいい」という考えでした。自由を広げる学校を標榜しているのにもかかわらず、「あれも教えたい、これも教えたい」という大人のエゴで夕方まで授業を詰め込んでしまったら、自由は増えるどころか減る一方。そして自由をどう使うかという経験も失ってしまうと考えたからです。なによりも子ども自身の自由の時間を守りたかった、という考えでした。

子どもにとっての時間的よはく、精神的よはく、対人的よはく、選択的よはくがあるのは放課

	月	火	水	木	金
9:00	サークルタイム				
10:00	自由進度学習	自由進度学習	自由進度学習	自由進度学習	自由
11:00	英語	数と倫理	思考と言語	英語STEAM	
	体育	クラス会議	クラス会議/SEL	クラス会議	
12:00	ランチタイム	ランチタイム	ランチタイム	ランチタイム	ランチタイム
13:00	毎週テーマ学習	毎週マイプロジェクト	シェルパの「どうしても」クラス 表現（アート、ダンス、観賞etc…） SEL	毎週テーマ学習	毎週マイプロジェクト
14:00	掃除				
14:30 終	サークルタイム				

後でもあります。

多くの学校は8時30分前に朝の会が始まるところが多いでしょう。そして6コマの授業をすれば15時30分あたりに下校です。ヒロックは、通常の学校に比べ、1時間30分ほど活動時間が短いことになります。

もちろん前述の通り、教員のよはくのために下校時間を早めたわけではありませんが、結果的によはくを持ちながら、後述する見とりの共有の時間にすることができました。開校1年目では僕と蓑手の2人だったので、見とりの共有も自然と行っていましたが、2年目、2校目をつくると決めたタイミングで、見とりの

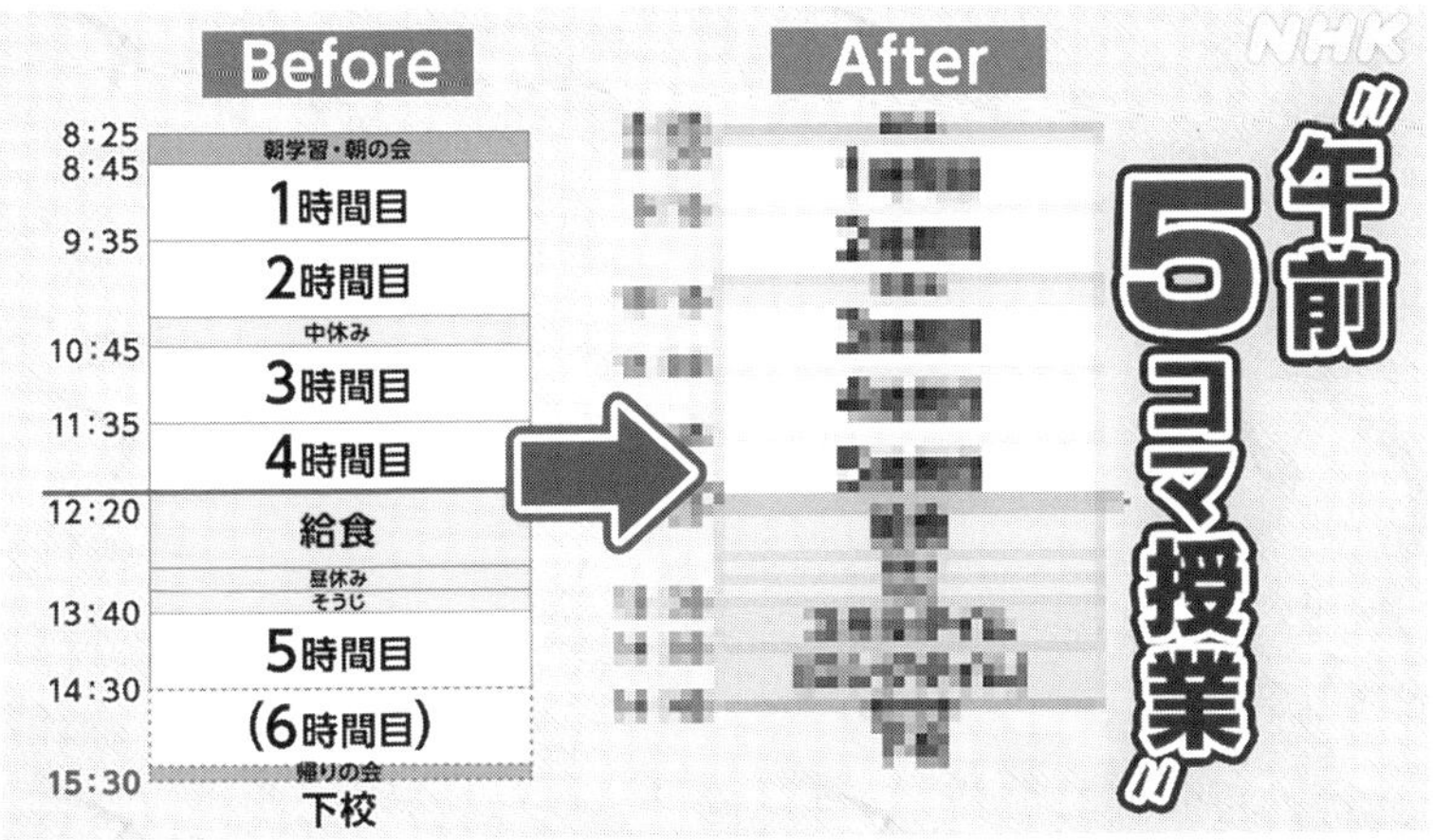

シェアをより組織化する必要があると感じました。研鑽の章で後述する「みとりシェアリング」です。

ただ、子どもファーストと言っても、教員が研鑽する時間やチームビルディングの時間をデザインしていないわけではありません。月に一度、研修日といって子どもが登校しない日をつくっています。カリキュラムの刷新に時間を使ったり、チームビルディングを行っています。

また、宿題やテストがありません。丸付けの時間がないことで毎日30分〜40分ほど時間に余裕が生まれています。ちなみに、一定数の教員は授業を自習にし、その時間で宿題の丸付けを行っている方がいます。時短術としてはいいですが、目の前の子どもの学習を見とれているのでしょうか。

通知表はありません。前述の通り、診断的評価と形成的評価を大切にしているからです。

公教育でもこういった動きがありました（前頁の図）。公立でも不可能ではないのです。

（https://www.nhk.or.jp/minplus/0012/topic023.html）


長々とカリキュラムについて書きましたが、このレベルから手を入れることができれば、授業自体にもよはくを生み出すこと、よはくがあるから教育効果を上げることを実感できると思います。重ねますが、「楽をするため」によはくをつくるのではありません。「**よはくができたほうが教育の効果が高い**」という考えに基づいています。

ヒロック初等部の４つのよはく

一見関係なさそうなカリキュラムレベルから説明したのは、カリキュラムレベルから構築することで教育的に意味があるよはくを生み出すことができることを説明したかったからです。

時間的よはく

前述の通り、ヒロックは通常の学校に比べて授業時間が1時間30分短縮されています。

また、宿題やテストが存在しないため、それに伴う丸付けの時間も必要ない。これにより、教員は毎日30分~40分の余裕が生まれています。他にも分掌はなく、運営はそのときに必要なことを話し合います。

精神的よはく

診断的評価や形成的評価の重視により、学習者の状況を理解し、その上で助言や指導を行っています。通知表のような評価方法がないため、そういったプレッシャーもありません。

対人的よはく

教員同士が毎日、学習者の進捗や状況について情報を共有しています。組織内のコミュニケーションが密に行われているため、互いの理解や協力関係が築かれやすいと考えられます。

選択的よはく

ヒロックは診断的評価を基に、各学習者に合わせた指導を行っており、そのために様々な手段やアプローチをとることができると示唆されています。通常の学校とは異なる教育方法や評価方法を採用していることから、新しい手法やアプローチを取る自由があると感じられます。

子どもたちから見た五木田クラス

どんな高尚な教育実践も子どもにどう伝わるかを知らないことには、頭でっかちなものになります。ここでは五木田クラスを受けた子どもたちの感想を紹介します。開智望時代に小学1年生で受け持った子はもう中学生、ヒロック初等部のコゥ・ラーナーは現在小学生です。

一人一人、言葉を尽くして書いてくれました。ぜひ読んでください。

＊

中学1年生　たいち

一方的な授業ばかりでなくグループワークが多くお友達の意見を聞けたり楽しく学べました。運動会等も自分たちでつくり上げたり考える力がついたと思います。授業中に音楽をかけてくれたり気分転換しながら学べました。

中学3年生　緑メガネより

ゴッキークラスには、たくさんの「自分で考えて決められる余白」がありました。例えば、何かについて考えるときに、白紙やマインドマップなどいろいろなタイプのノートがプリントで用意されていて、そのとき自分に合うものを使って考えをまとめたりすることができました。算数の授業ではいろいろな難易度の問題が用意されていて、自分に合うように自分のタイミングで問題を選択することができました。他にも、クラスには1万円(たしか)自由に使える予算があり、クラスみんなの許可が取れれば自分たちで使い道を決められました。ちなみに僕たちは『銀の匙』という漫画を買って、クラスの後ろの本棚に置いて自由に読めるようにしました。このような余白がクラスにいつもあったことで、意見を言うのが当たり前になりグループワークがすごく活発でした。また、考える余白があったことで自分自身が自分に何があっているのかを考えるようになり、自分で決めるのが当たり前になったと思います。何より、自分で選択できるということが楽しかったです！　楽しくて毎日新鮮、最高だったぜ！

中学3年生　りょうた

5年生の時に初めて入ったクラスがゴッキーのクラスだったけど、今でも「今までで所属してたクラスの中で一番！」だと思うクラスでした。ほかのクラスにはない、ストレッチポールとか、本棚とか、自分たちで使えるお金とか普通ではやらせてもらえないことや、できないことをいろいろやらせてもらえたと思います。僕たちにも、生徒としてじゃなくて一人の人間として思いながら話してくれている気がします！（ベンチャー企業の社長と話してる感じ？ｗ）一人一人に寄り添ってる感じが、ゴッキークラスの全体の印象かな？　結論：ゴッキークラスＮｏ．１

中学３年生　マリーゴールド

グループワークが多く様々な人と関わり、そのときに自分のアイディアを悪く否定されることが少なかったから、自由に意見を言えた。そして、人に対して心の余裕が生まれて「相手のよい所を見つける」「相手を受け入れる、認める」という能力が身についた。

中学３年生　たもん

ゴッキークラスはとにかく心に余裕をもてるクラスでした。やるときはやる、休むときは休む、というメリハリを比較的つけられていた気がします。また、教室の後ろの方に体をほぐすグッズや漫画が置いてあり、休み時間にきちんと休むことができました。

中学１年生　田島修太

遊ぶときはめいっぱい遊んで、集中するときは集中する、その切り替えができていて、とてもいいクラスでした！　自分は、クラスがうるさいときなどによくやっていた短い瞑想が、とても落ち着く感じがして大好きでした！

保護者からみた五木田クラス

保護者にも同様の質問を投げかけました。

中学1年生　母

面談の際に授業の様子を動画で見せていただき、本人のここがよいところですと、丁寧に説明してくださり学校生活がよくわかって嬉しかったです。学校公開でも、考える時間に音楽を流してたり楽しい授業でした。

中学3年生　父

全員が発言できる場を提供してくれていた（同じ意見も可）。最初の一人を先生が指名して、その後は発言した子が次の人を指名していく。それを入学したばかりの1年生からやっていて人前で発言することに抵抗がなくなっていった。そのおかげで人に物を聞くことができなかった息子が、水族館でペンギン担当の飼育員さんに自分から質問していた。しかも、そばに親はいなく、完全に一人の状態（親は下の子の対応で、ちょっと離れたところにいて、そこから様子を見ていた）。

中学1年生　父

保護者との適切な間合い。教員にとって、保護者との向き合い方、距離感をどうするかは難しいテーマの一つだと思うが、五木田先生は、保護者が相手でも身構えず、かといって謙らず、人間同士の誠実な関係、信頼を感じさせてくれる対応をされていたように感じる。

中学3年生　父

「ダイバーシティ」という言葉が流行る以前に、それを実践いただいていました。生徒の数だけモノサシを持って接していただきました。最終的な答えは一つでも、そこに至るプロセスやそれを選んだ理由は生徒それぞれあり、そこに対話が生まれ、自分で考える姿勢が育つのだと思います。クラスを離れてのお付き合いになっていますが、今後ともよろしくお願いします。

中学3年生　母

開智望に編入し、2、3ヶ月経ったときのこと。「お母さん、難しい問題を解決するには何が一番大事だと思う？　話し合いだよ、クラスでは算数の問題もみんなで話し合うんだ！」と息子が目を輝かせて教えてくれました。五木田先生のクラスにいた1年間で、何度「話し合いが楽しかった」という話を聞かせてくれたかわかりません。クラスの終わりは残念ながらコロナと共にありました。突然休校になった子どもたちに先生がまず用意してくれたのは対話の場でした。対面通話が整うまでの間、スクールタクト上で子どもたちは確かに繋がり、いつも通り対話をしていました。あの状況で、それがどれだけ子どもたちや保護者の安心感に繋がったかわかりません。子どもたちは五木田先生のクラスで対話を通して常に学び合い、対話を楽しみ、そして対話によって安心感を得ていたのだと思います。

小学3年生　母

ヒロック初等部一期生保護者です。率直に1年間ヒロックに息子を通わせて、著しい成長を遂げたと実感しております。その成長の理由の一つとしてあげられるのは、息子とよへいさんとの根気強く繰り返した対話、毎回の変化を丁寧に見とっていただけたことだと思います。よへいさんは、とても穏やかで、愛のあるハーモニーのある言葉で、時には厳しめピリッとした言葉で、約1年間、息子を一人の小さな人間として、良い方向へ前進させてくださいました。ヒロック開校当初の息子は、自分のことを理解してもらえない相手には、手が出てしまったり、意見が通らない場合には、乱暴な態度や言葉を使って、その場のムードを壊すことが多い子でした。ある日のこと、ヒロックでもお馴染みの彼らの揉め事が起こりました。このお馴染みの彼らの問題について、私自身も幾度もよへいさんとも面談をしていただき、親という立場での対応策も慣れてきた頃の金曜日。帰宅した息子が、今日もまた彼と問題があり、よへいさんもママも時間が難しいのはわかっているのだけれど、彼への気持ちや自分の気持ちを整理したいので、週を挟まずにどうしてもよへいさんと連絡を取れないのかと聞かれました。ヒロックの『どうしても制度』を息子が発動！　その日までは、相手とぶつかり、その後は、よへいさん主導、もしくは、友人が、シェルパに相談したことからの話し合いしかありませんでした。自ら解決をしなければ、よへいさんに伝えなきゃという判断や思想が息子自身の中に生まれたことを成長と感じ、その日のうちによへいさんにＺｏｏｍで繋いでいただきました。息子が、自分の気持ちを落ち着いて、よへいさんに伝える姿に感心しました。そして、Ｚｏｏｍ越しにメモを取って、具体的にそのときの状況と気持ちと瞬間を繰り返し慎重に丁寧に聞いているよへいさんの姿に、とても大切なことを親子で実際に経験させていただけて、幸せだと感じました。時間をかけて幾度も対話を繰り返すことによって、相手のことを知り、自分のことを理解してもらう大切さ。弱い人、強い人が悪くなるのではなく、そこには何かしらの理由が隠れていること、どこのタイミングで、自分の気持ちを読むのが有効か、本当に細かく丁寧に向き合っていただきました。９月からよへいさんが代々木校に行かれて、息子は、やっぱりよへいさんがいないなーと寂しそうにぼそっと話しますが、最近の息子は、とても頼もしくよへいさんとの対話の取り組み方を応用できるようになり、あらゆる人のコミュニュケーションのすれ違いなどに気づき、忙しそうに人のケアを始めています。

新入生との関わりもシェルパに相談してみたら？　と話すとまずは、自分でその人と話してみる。そうでなければ、自分の成長につながらない。それでも上手くいかなければ、シェルパに相談するからと。ヒロックっ子の香りがします。保護者としてもヒロックを通じて、たくさんの興味深い人たちとの出会いに感謝しています。息子と自分、そしてヒロックのこれからの成長もとても楽しみです！

小学4年生　母

私の正直な今の気持ちを率直に書きたいと思います。入学前やヒロック開校1年目はシェルパと保護者のコミュニケーションの量の多さ、質の濃さに驚きました。私が忘れられないのは個人面談のときに、朝起きるのが苦手で、起きられない自分に苛立ち、癇癪を起こしている我が子の相談をしたときにくれた言葉です。

「時間は学校が勝手に決めているものだからね」

「お互い約束のもと決めているものじゃないしね」

「自分のタイミングでおいで」

と言ってくれました。

今は「遅刻しないこと」より「気持ち」を一番大切にしてあげましょう！　と何度も言ってく

れました。前の学校に通っていた頃は

「遅刻はだめなこと」

「社会に出たら許されないこと」

と言われ続けてきたので、子どもの心を一番に大切にしてもらった経験は初めてでした。

前の学校では遅刻をしないためにはどうしたらよいか？　を話し合い、癇癪を起こさないために薬を飲むのはどうか？　など、とにかく遅刻を無くすことが最上位目標として、担任の先生からのアドバイスや提案がありました。その度に私と我が子は苦しい気持ちで、でも、担任の先生にその気持ちを上手く伝えることはできませんでした。ヒロックでは、どうすることが我が子にとって幸せか？　を一緒に考えてくれました。スクールの中の姿だけではなく、家庭での様子も細かく聞いてくれ、「知ろう」としてくれている姿勢にも、信頼が増しました。前の学校では毎日遅刻をして、「僕は毎日悪いことをしている」という苦しさが我が子にありましたが、今では、相変わらずマイペースな登校ですが、ヒロックには遅刻の概念すらないのか、誰にも何も責められることはありません。でも、我が子の早起きの挑戦は続いています。それをシェルパも私も見守っていて、見守られていることも、我が子は理解しています。我が子にとっても、ヒロックがより安心できる場所になり、心に余白を生み、その余白を成長するためのチャレンジに使っていけるのではないか？　と感じています。

*

もちろんお世辞もあると思いますが、どの子も、ご家庭もよはくと対話の大切さを感じていただけたのかな、と思っています。

対話を生み出す仕事術

開智望小学校　塩見秀人

五木田先生とは開智望小学校時代に半年間一緒に働かせていただきました。3学年とICT部（五木田先生はそれぞれ主任でした）で関わらせていただきました。公立の小学校で働いていた経験のある自分にとっては驚いたことがいくつもありました。

まず、部会です。学校に会議はつきものです。開智望でも学年会とICT部の分掌会がそれぞれありました。自分の経験から、会議は概ね2種類に分けられると思っていました。一つは、決定事項を伝えるための会議。二つ目は、議論を目的とする会議です。前者には、決定事項を伝えたという実績づくりのために行っていて生産的ではない。後者には、価値観対立が起こり時間がかかりがち、平行線をたどって終わることもあると感じていました。

五木田先生の会議は、まず時間と議題の整理から始まります。最低限話し合うべき議題を決めておき、それを制限時間の中で決定まで行けそうかどうか合意を取ります。その後、それぞれ議事録を記入します。事前の準備も必要なかったのは怠惰な自分にとってはありがたかったです。これによって参加者は整理して話すことができます。そのような流れのため、時間がオーバーすることはありませんでした。時間を超えて話し合うときには、次回の会議に回したり、どうして

column

も必要な場合には別日に設定するなどの配慮がありました。

　また、その限られた時間の中でも子どもたちの様子についての情報共有には力を入れていました。子どもの欠点に目が行きがちですが、五木田先生はメンバーに「成長したところに注目して教えてください」と意識づけを行っていました。また、スクールタクトで子どもたちの様子の記録を細かく取るようにメンバーに声をかけていました。この記録をもとに学年団や管理職とも子どもたちについての情報の共有を行うことで、多くの人が関わる一条校の仕組みの中でも認識を揃えることができました。

　会議にシンキングツールを使用することにも驚かされました。議論の中で、座標軸が自然に出てきます。自分の出した意見をマッピングする時間がよくありました。この作業では、縦軸・横軸の中で、自分の意見はどこに位置するのか俯瞰して考える必要があります。意見を言った後に、整理するという時間は普段の会議ではあまりないので、印象に残っていました。

　もちろん、メンバーの人数や個性によってその手法が効果的かどうかは変わってくると思います。五木田先生は相手に合わせて柔軟に行っていました。そのやり方に馴染んでしまった自分は五木田先生がいなくなった後、五木田スタイルが恋しくなったのは言うまでもありません(笑)。

第3章

ポリシーメイキング

ポリシーメイキングの定義と大切さ

自他の理解をすすめると、組織を変えられるかもしれない、という可能性を感じることができるでしょう。少なくとも会議や授業に少しでもよはくが生まれ始めれば学校は変わり始めていきます。実際に組織をより良くしていくために自他理解の先には「ポリシーメイキング」という作業をすることをお勧めします。

ポリシーという言葉は一般的には「信条」のような言葉と受け取られています。しかし、政治の世界だったりＩＴの世界では「物事を実行する際の方針や方略」を意味することもあります。つまり、**ポリシーメイキングとは「こうありたい」という信条と「どうやって実現するか」といった方略を合わせ持った言葉**として捉えてください。

ヒロックであれば「学習者の福利の拡張」が「こうありたい」という信条（学校理念）の部分にあたり、「学習者の福利の拡張」を実現するために「自由進度学習」「マイプロジェクト」「広義ＳＥＬ」「自由」という4つの活動を行っています。「自由進度学習」や「マイプロジェクト」は自分で学びを選ぶことを当たり前とするため、「広義ＳＥＬ」では自分の周りには学びや気づきに溢れていることを気づいてもらうため、「自由」では穏やかな時間の中で自分の人生の使いポリシーをつくることと、ポリシーを実現することを合わせて「ポリシーメイキング」

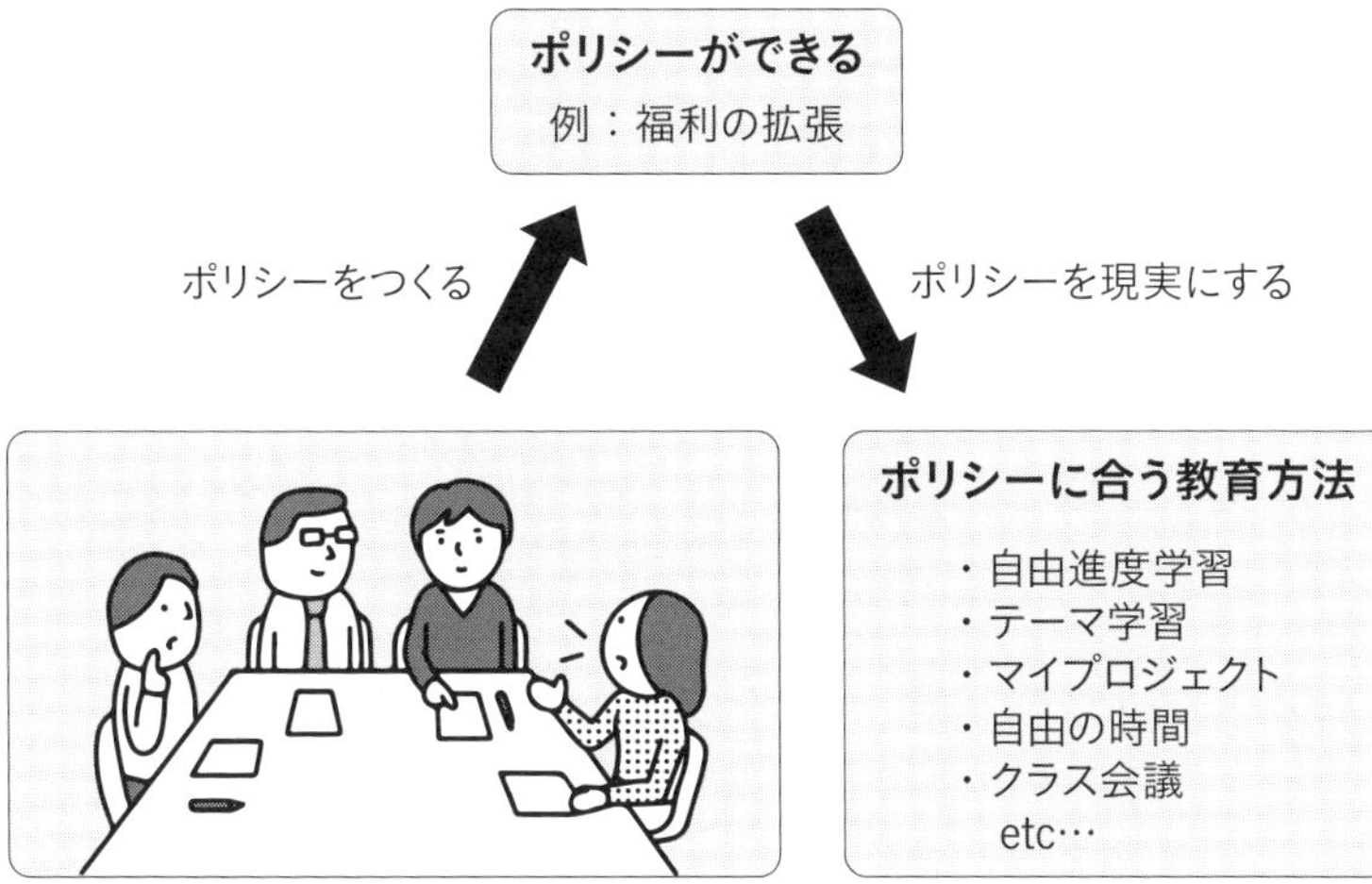

方を考えるきっかけをつくるため、それぞれの時間が連関すれば「学習者の福利の拡張」ができると考えました。

そのため、ポリシーメイキングにおいては、単に方針を決めるだけではなく、その実現に向けた具体的な活動や取り組みをデザインすることが極めて重要です。

ヒロックの場合、学習者の福利を中心として活動を組み立てることで、一貫性のある組織文化を築くことができました。各活動がそれぞれの目的を持ちつつも、すべては「学習者の福利の拡張」という大きな目標の下で連動しているのです。

そもそも組織とは

日常的に組織、上司、部下、主任といった言葉は使われます。しかし、組織とはどのようなものでしょうか。

エドガー・シャインという心理学者は組織を「ある共通の明確な目的、ないし目標を達成するために、分業や職能の分化を通じて、また権限と責任の階層を通じて、多くの人びとの活動を合理的に協働させることである」(『組織心理学』1965年)と定義しています。他にもいくつかの定義が様々な学者によってなされますが、それらの共通点は以下になります。

①複数人の人によって構成される
②共通の目的を持つ
③役割分担による協働がある

①は当然のこと、②の共通の目的がない状態は「組織」ではなく「集団」です。③役割分担も協働もなく、一人で働いた方が優れたパフォーマンスが出るのであれば、複数人集まる意味がありません。僕たち教員は、子どもたちの成長のため、という「目的」のために「教員集団」ではなく、「教員組織」を築くべきなのです。

ヒロック初等部でのポリシーメイキング

ヒロック初等部でのポリシーメイキングはなんといってもヒロック宣言の第一条「ヒロックはコゥ・ラーナーそれぞれの福利を未来に向けて拡張し続けるための場である」という一文を制定できたことが大きかったです。

この一文を制定できたのには、代表の堺谷が開校の1年前である2021年に「ヒロック憲法プロジェクト」を行おう、という提案をしたからです。と言うのも、いかに「自由な学校」を標榜しても運営者は我々大人。子どもや保護者と対等な存在を目指しても、僕たちの一存で決められてしまう状態です。それを「権力の暴走」と考えました。アメリカの初代大統領ジョージ・ワシントンは権力の暴走を防ぐため、自分が亡き後もアメリカ合衆国を「自由の国」とするためにアメリカ憲法を制定し、自由の魂を憲法に込めたと言います。ヒロックも同じように我々権力者を縛るという目的を持って憲法をつくるというプロジェクトを始動することにしました。脇道にそれますが、当時は来年度開校の準備ということでクラウドファンディングによる資金集めや来年度の児童募集の真っ最中でしたが、この憲法を制定しないと「元教員の経験だけをあてにしたただの学校」になる恐れがありました。なので、連日「ヒロックは何のためにあるのか」という対話を繰り返しました。

事前段階で講師に上智大学共同研究員の桐田敬介さんを招聘し、「ヒロックは何のためにあるのか」を考えるお手伝いをしてもらいました。

そこで今一度創設メンバーである堺谷、蓑手、僕の3人がどんな学校にしたいのか、なぜそう考えているのかをひたすら対話する時間をつくりました。

堺谷は、①自分は価値のある存在であること　②自分の人生だから自分で決めていいし、自分で決めるしかない

蓑手は、①自分は何者にでもなれる　②幸せは自分の心が決める

僕は、①世界の広さを知る（≒果てのない知的好奇心）　②自己効力感（自分が自分の選択に影響を与えられる存在である）

という言語化をしました。

教育観の違いを綜合する

ここで面白かったのは、出会った当初からかなり教育観が近い3人が集まったとは思っていましたが、僕だけ「自己」ではなく「世界の広さを知る」（グローバルという意味ではなく、自分を取り巻く外界を意味します）が挙がったことです。

自信を持つ、自分を大切にすること、自分が幸せになることという「自分」のためのスクール

観と、「世界の広さを知る」という他者への眼差しは相反するように思いました。

しかし、そこで出てきた言葉が冒頭に挙げた「福利の拡張」です。自分を大切にすることも、世界の広さを知り、その世界の美しさに気づくことも、その世界には自分の居場所があるということも「福利」という言葉に内包できると考えました。また、ただ福利を与える学校ではなく、一人一人が成長し、福利を「拡張できる」場にしたいと考えました。

以降、この「福利の拡張」を実現するためにどのような条文が必要なのか、どのような学習経験の機会をつくればいいのかを議論していきまし

ヒロック宣言
(HILLOCK CONSTITUTION)

1. (場の定義)HILLOCKはコゥ・ラーナーそれぞれの福利を未来に向けて拡張し続けるための場である。
2. (個の定義)シェルパ、コゥ・ラーナーはそれぞれかけがえのない個人として対等であり、公正に扱われる。
3. (関わりの定義①)シェルパ、コゥ・ラーナーは1・2を実現するためにそれぞれ自由を与え合い、高めあい、ともにつくりあう。
4. (関わりの定義②)シェルパ、コゥ・ラーナーは1・2を実現するためにそれぞれケアし合い、少数の声なき声を大切にし、居心地の良い関わりをともにつくりあう。
5. (民主的学びの定義)シェルパ、コゥ・ラーナーは立場や人数、前例や常識のみにとらわれず、民主的な意思決定と判断、表現をする権利を持ち、そのために必要な物事を学ぶ権利をもつ。
6. (自己調整の定義)シェルパ、コゥ・ラーナーは自身についての理解を深めつつ、学習の方法と内容を試行錯誤し、挑戦する権利をもつ。
7. (参加と選択の定義)シェルパ、コゥ・ラーナーは自身についての理解をもとに、活動への参加の有無や程度を自ら調整し、選択する権利をもつ。
8. (調整と対話の定義)シェルパはコゥ・ラーナーの心身の保護と成長のために必要なことを調整することがある。コゥ・ラーナーはその調整に対して説明を求める権利、話し合う権利をもつ。
9. (担い手の定義)1〜8の定義に立ち返りながら、学校文化を具体化していく担い手はHILLOCKで暮らす私たちであり、私たちがこの定義そのものを刷新していく担い手でもある。

た。その結果できたのが、ヒロック宣言（素案）と前述したカリキュラムです。

しかし、大切なことは前述にもありますが、子どもの目の前にいて、なによりも学校の理念（ポリシー）を体現するのは紛れもない教員です。教員の持つ技術の拙さはどんな人にもあります。拙いことは悪いことではありませんが、拙いことを認識する機会をつくらないことや、向上できる仕組みをつくらないことは、組織運営としてはダメだと考えています。そういう意味でもよくは、やはり大切なのです。

拙いことを認識する機会の大切さ

ポリシーメイキングの過程では、これらの活動の効果や影響を定期的に検証し、必要に応じて見直しを行う柔軟性も求められます。ヒロックでは14時30分の下校以降、シェルパ（教員）が「みとりシェアリング」と呼ばれるミーティングを1～2時間毎日持ちます。子どもがどのようなところで躓いたか、どんな表情をしていたのか、友人関係に変化があったかなどを全員で共有します。その仕組みがあるおかげで、日々の子どもたちの変化や状況を捉え、具体的な対応を計画することができるようになりました。

この「みとりシェアリング」は、単に子どもたちの日常の動向を共有するだけではなく、教員同士の連携を強化し、共通の理解や方向性を持って子どもたちのサポートができるようになる重

ニックネーム	
りさこ	J：Bにhillockの説明　B：返答に若干のタイムラグ、会話は双方向、Kじゃん　F：ペーパーの検証に興味関心　L：新幹線、名札物理的なもの、自分のレベルにあったリズムたたきは参加、体をつかった学習、サークル内を行ったり来たり　E：ワニのポーズ、アポロ→知識を繋げる、サークル内を行ったり来たり　M、L：ゲームのルール理解があやしい？負けたらこの動物になる、Kが負けたらワニになる　M、L、F：サークルの時輪ゴムで遊ぶ　N：ゲーム、リズムたたきを教える、O、えんぴつ　C：帰り道、これの言葉は英語？たくさん質問していた
よへ	・P：完全に目線が安定した。シーズン2以降赤ちゃん返りすることがあればそのパターンを見とれるといいと思った。 D：一対一で対話Qさんに Rにあたったことを指摘されたあと。よへ「怒っているわけではなくて聞きたいんだけど、さっきみたいな時どんな気持ちになる？」D「やっちゃったぁ～ってきもち」よへ「今までにも何回かそういう気持ちになったことある？」D「何回かじゃなくて、何回もある」よへ「どの気持ちにはなりたくてなってる？」D「いや、そうじゃない」→ここまでの会話を図にしてノートに記録。このタイミングで対話終了。気持ちの確認。後ほどS！ではしゃいでいた時（誰かが困ったわけではない）ノートに書いた図を見せる。コントロールをすることを思い出す。 R：砧ほどではないけれどQさんのオウム返しで指示を出すことがある。今この関柄だったら鼻についているわけではないけれど。 TとU：ちょっかいをかけあうシーンあり。TもVに入ってしまえば大丈夫なのかも。 I：活動の間の時間などでもともとはしゃぐ方ではないが、落ち着いているようにも見える。砧メンバーが多いから？成長もしているような感じがする。 「今の学校もVも楽しい。授業とか受けるのが好き」面接時では父母は過適応を気にしていたが、これが過適応の結果なのかそうでないのかはわからない。少なくともWとかとはっちゃけて遊んでいるときは楽しそう。 F：一つひとつの行動が早くなってきている気がする。 X：S！のときUとYへリーダーシップぽい動きをしている事があった。内容は分からなかったけど。 Z：音楽への興味が増してるのかも。最後のピアノと合わせるときも自分で指でリズムとりながら参加していた。さいごはAAさんの近くで演奏を聞く（AAさんが好きなのもあるだろうけど）。"
たまきっち	・F帰りのサークルの時に、Eのリュックの紐を触る。Eも「やめて」と嫌がって伝えたが、触り続ける。逆に伝えたことで、やめられなくなった様子。 ・E、Dの出過ぎてしまう行動に対してフラストレーションを溜める。 ・C、サークルのときDの真似をして真ん中に出る、注目されず一回で戻る。

要な仕組みです。

子ども一人一人の状態や進捗を日々確認することで、細やかなフォローや、必要に応じた指導方法の変更、さらにはカリキュラムや学習プランの微調整が迅速に行われるようになりました。

このように「みとりシェアリング」は、ヒロックのポリシーメイキングの実践の一部として、日々の教育活動の質を高めるための非常に効果的な手段となっています。冒頭で対話とよはくを強調したのもこういったミーティングを行うためです。

ある意味、見えていないことを指摘し合うことは、「拙さ」を認めることです。しかし、この拙さを認め、どう改善していくかを考えていければ、学校はもっと良くなるでしょう。

開智望でのポリシーメイキング

開智望小学校の設立メンバーではあったものの当時は一教員であり、理念の制定は理事会の決定でした。「世界の人々の文化を理解・尊敬し、平和で豊かな社会を創るために貢献できる人材の育成」という文言が理念であり、その下に次の教育目標があります（学習者が主体的な学びを通して目指すもの）。

1. 違いを認め合い、自分の得意分野や独自性を見つけ伸ばす
2. 目標を高く持ち、その志に向かって、努力、行動する
3. 人のため、社会のために学び、専門分野で貢献できる学力をつける

さらに、「教育目標達成のための学び方」として、

> 探究型の学びに主体的に取り組み、自分の得意分野を深化させながら、多様な仲間との関係性を通じて皆で学ぶ力や他者を思いやる力を醸成し、社会との繋がりの中で協働的に学び、豊かな未来を創る力を身につける

と続きます。

2015年の開校当時、学校の方針上、授業論としては「教え込み」からの脱却を目指していました。学習者同士が学び合い、気づき合う。そんな学校を目指していました。理念の制定には参画しなかったものの、この理念は当時感銘を受けていましたし、教え込みからの脱却というコンセプトも、自分の信条に合っていました。

というのも、僕は教育のキャリアのスタートが塾講師で、教員になってから初任校が習熟度別制を敷いていて、学期ごとにクラスが入れ替わる学校でした。

そこで培ったのは一斉授業の力です。教えたいことを言葉にのせて伝えることは、ある程度自信がありました。しかし、どこかで「教員である自分の知っていること以上にこの子たちは伸びないのではないか」という違和感もありました。どこかで学びを転換しなくては。開智望小学校の開校はそう思っていたときのチャレンジでした。

1年目から4年目あたりまでは試行錯誤の連続でした。先に挙げた「クラスごとに実践を変えていいのかどうか」という論点もこの際に出てきました。

僕自身は目の前の子どもの成長が第一だと考えています。担当しているクラスの保護者にもそう説明しましたし、子どもが伸びて不幸になる人はいません。故に、他のクラスの実践と合わせるつもりはありませんでしたし、僕の実践に合わせてほしいとも思いませんでした。

つまり、お互いの自由を承認し合う状態が当たり前だと思っていました。しかし、立ち上げたばかりの組織は、保護者からの苦情がくることも多く、横並びにすればいいのではないかという議論がありました。

苦い記憶ですが、僕はそのとき、他のクラスをフォローする余裕も度量もなかったので、お互いが「勝手にできる」状況を仕立て上げてしまいました。

今では、「子どもの成長にあった個別のアプローチをする」というポリシーを、教員とも保護者とも合意し、実現するための働きかけをするべきだったと考えています。

次のページからはポリシーをどうやって実現していったか、実際の例を通じてお伝えします。

教員同士の合意へ　―ロードマップ作成の勧め―

コロナ禍にてリモート授業やＩＣＴの活用をどうするかという議論がありました。また、google workspaceを使うのか、schoolTaktというサービスを使うのか、といった環境の構築も頭を悩ませたポイントです。一度の会議で全員がＩＣＴを使えるようになれるとは思いません。

そこでロードマップを示しました。ロードマップは次頁のように、準備期間、導入期間、試行錯誤期間、安定期間と分け、それぞれのフェーズで担当が行うこと、教職員全員が行うことを書きました。この図では安定期間にある「やりたいことと状況に合わせた使い方を試行錯誤すること」がポリシーにあたります。ゴールのイメージです。

その後は定期的に会議のときに、今どの段階にいるかということを確認しました。もちろん、人によってどの段階にいるか感じ方が違います。そのズレをまずは認識して、どうしていくべきかを考えていくべきです。ちなみに、以前、複数の学校の先生向けにロードマップ作成の研修を行い、実際に行ってもらったら驚くほどのスピードで組織が変わっていったと報告をいただきました。

組織は変わりたくないのではなく、変わるまでの地図がなかったのだなと、そのときに感じたことを鮮明に覚えています。

新しいことを始める際に起こること

その地図をつくるために必要なのは、新しく始めることのメリットを示し、リスクになることを工夫で打ち消すことです。

そしてその意図を関係者（この場合は教員と保護者、子ども）に表現します。「〇〇部で決めたから従ってください」というコミュニケーションが時たま行われますが、そういったコミュニケーションは避けなければいけません。

例を挙げると、突然、夕方の職員室で「生活指導部で決めたので、休み時間の子どものｉＰａｄの操作は禁止します。子どもには必ず校庭に出るように言ってください。当番は月曜日が1学年で～」といったようなことです。

先ほど論じた通り、組織とは「共通の目的を持ったグループ」です。意味も意図も共有されておらず、命令で動かすグループにいる人は息苦しいことでしょう。仮に命令をしたとしても、意味や意図を伝えれば納得できることもあります。「なぜあなたにやってほしいのか」「なぜこの業務が必要なのか」「なぜこの業務に時間をかける必要があるのか」。そういったことを一つ一つ言葉にできるといいでしょう。

このようなところを丁寧に行うかどうかは、共に働く人の時間を大切にすることだと思います。

導入のスタートとゴール、ロードマップ

	準備期間		導入期間	試行錯誤期間	安定期間
学校全体			全職員 ・絶対にやってはいけないこと（人を大きく傷つけること）をポリシーやルールから学ぶ。 ・基本的な操作はやりながら覚える。	全職員 ・使いながらポリシーとルールが使いやすいものか検証する。 ・新しい使い方を共有する。	【ICT担当、管理職含む全職員】 ・日々の業務中に自然にICTが入っている環境ができあがる。 →各々のやりたいことと状況に合わせた使い方を試行錯誤することが始まれば最高です。
担当側	ネットワークとデバイスがある	【ICT担当と管理職】 ・ポリシーとルール第一稿を作成 ・人が重大なミスを起こしにくい「仕組み」をつくる。 →誰かが大きく困るミス（金銭、復帰できない破損）以外はグレーゾーンにする。	【ICT担当】 全職員向けの研修を実施。 内容 ・ポリシーとルール ・ワークショップの開催	【ICT担当】 ・起きたトラブルがポリシー内で対応できるものかを確認しつつ、ポリシーとルール、あるある集を更新していく。	

先に挙げたパウロ・フレイレの「愛・謙虚さ・信頼」を伝える絶好の機会でもあります。

提案と承認の役割を決める

では、それぞれの分掌や担当はどのような役割を持つのでしょうか。それぞれの分掌はあくまでも「企画と提案」の機関です。教務であればカリキュラムをどうするか、研究部であれば研修の内容などを考えます。それは教科担当、例えば体育科であれば運動会の計画をする、といったことも同様です。

次に、それぞれの担当で考えたことを管理職に「提案」します。その際、様々な立場の意見が必要なので、ヒロックでは、堺谷、蓑手、僕の3人で運営者会議を設け、開智望小学校では、「主任会」というものを設けていました。管理職と各分掌の主任が出席する会議です。この主任会、ならびに管理職に「承認」されて初めて提案は

全体に影響を持ちます。その流れを全員と合意するには後に出てくる組織図が必要になります。

もちろん、「企画のねらいはとてもいいが、準備の見積もりが甘い」といったことや「具体的に書いてあるけれど、この企画をやる意義がわからない」といったこともあります。企画は企画者の感性を反映されることもあるので、そういった不足している部分、倫理的なチェックを主任会で行います。

また、主任会でせっかく提案しても練り直しになることもあります。それが続くとモチベーションにも影響しますし、なにより適切な時期を逃したり、企画書は良くても準備期間が短くなることがあります。そういった場合にも、対話は強い効果を発揮します。**事前に関係者に対して企画書を読んでもらったり、必要な人に企画時点で入ってもらうのです。**そうすることで承認機関である主任会の前に、過不足ない企画ができあがるだけでなく、関係者に企画を理解してもらった上で承認期間に臨むことができます。

こういったことはいわゆる「根回し」「裏工作」とは違います。「対話を用いた下準備」と考えることが、組織内の公平性や多様性を担保する丁寧な仕事だと考えます。こういったことを是とする文化づくりはとても大切です。「根回し」「裏工作」の悪いところは担当者や影響が大きい人の「頭を飛び越して」(越権行為)物事を決定する前例をつくってしまうことです。**そういった前例をつくらないためにも積極的に「対話を用いた下準備」を行っていきましょう。**

はじめて対話をする大切さを知った瞬間

こういったことを初めて意識したのは、開智望小学校で初めてのエキシビションの開催です。エキシビションとはインターナショナルバカロレアにおける探究活動の発表会です。小学校での集大成のイベントに当たります。

当時僕は、4学年の主任をしており、エキシビションは5学年が中心になって行います（開智望小学校は5学年が最高学年です）。当時は完成年度に至っていないので、様々な行事を試行錯誤しながらつくっていきました。

まして最高学年の集大成としてのイベント、関係者も5学年、それをサポートする4学年、英語科、事務局、広報担当など様々な立場が関わっていました。他の行事も走っている中でしたので、多くの人が空いている時間を見つけ、会議を開きました。

忘れもしない11月のある週の水曜日の1、2時間目。僕は授業があったので、代替の先生を立て、会議を行いました。それぞれの立場でしなくてはいけないことをポストイットに書いてもらい、共通項を整理します。

もちろんまだやったことのない行事、なによりもエキシビションは、運動会のように日本中に前例がある行事ではありません。なぜやったほうがいいのか、何が必要か、いつまでに何を準備

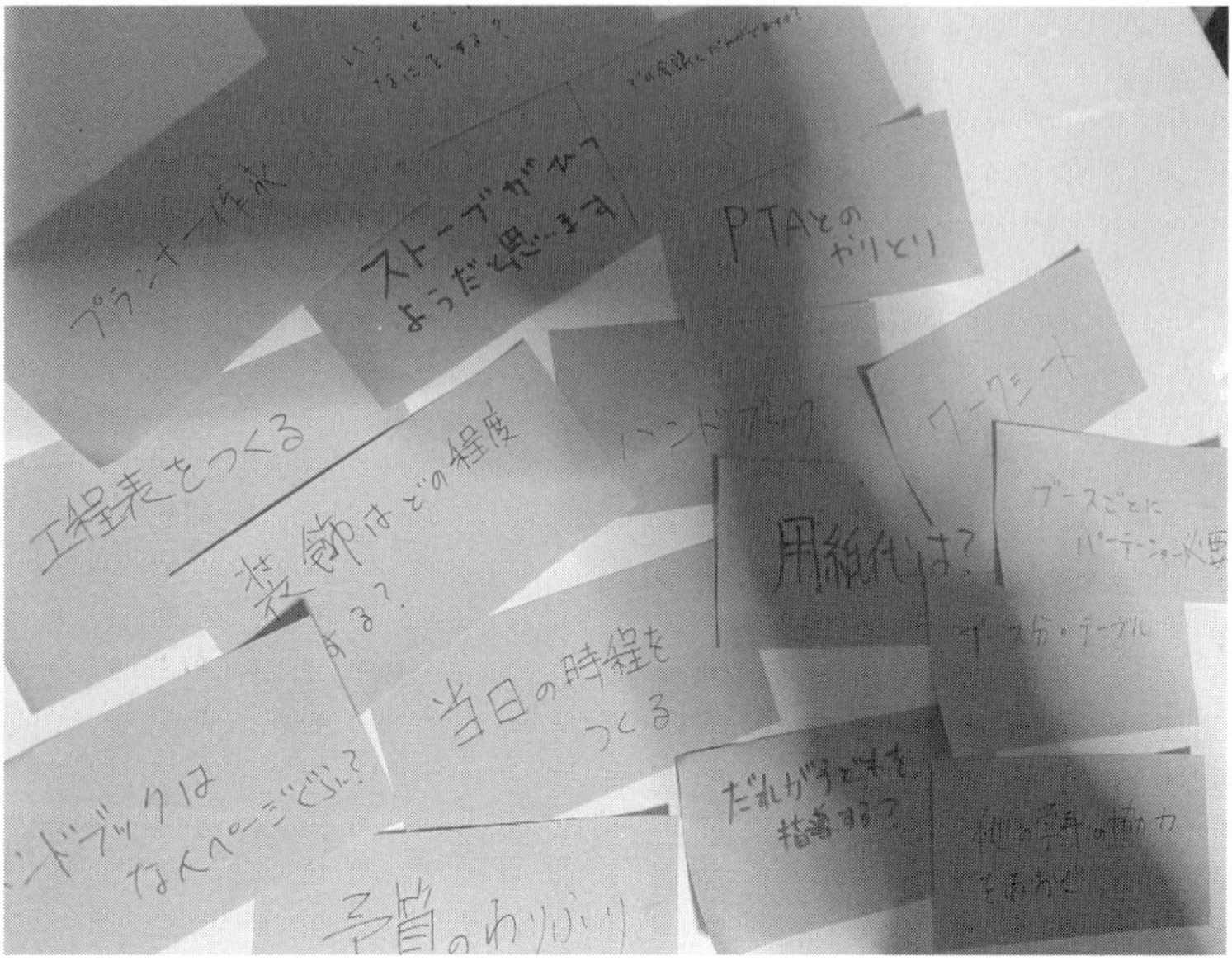

するのか、子どもたちにはどう説明するのか、それぞれの教員がしたいことは何か、様々な観点に答えを出さなければいけませんでした。

面白いなと思ったのは「体育館でやるのであれば、3月上旬はまだ寒いからストーブが必要だ」「用紙代はどの予算から出す？」「ブースごとにパーテーションが必要では？」などといった具体的な準備物がポストイットに書かれていたことです。

僕自身、企画は苦手ではないという自負はありましたが、そういった盲点になるような準備物を見落とすことも多々あります。1、2時間目の授業を代替の先生に預けて行った甲斐があったと感じました。一人の頭では必ず見落としがありますし、なにより一人では「合意」ができないからです。

ただ、この90分の会議ですべて可視化され、「あとは作業をすればいい」とはなりません。その後、僕と5学年で企画を煮詰めることまでを「合意」して会議を終わりにしました。一度でも全員が意見を言う機会を持っていたので、その後の衝突も多くはなかったと感じています。

工程表づくり

次に取りかかったのは出てきたアイディアを整理し、いつ、だれが、なにを、どんなゴールイメージを持って行うのか、時系列に並べ替える作業です。

そのなかで大切にしていたのは「**上流、中流、下流**」という作業工程の考え方と「**粒度**」「**工数**」という考え方です。これらは僕が考えたわけではなく、土木業界、鉄鋼業界、IT業界など、様々な業界で使われている考え方です。簡単にまとめると次のようになります。

上流：企画の全体像を考える段階。「なぜ」「なに」という問いが大事

中流：関係者に周知したり、関係者の理解を深める段階。「いつ」「どこで」「だれが」「なにを」という問いが大事

下流：実際に開催するために必要なものを準備する「いつまで」「どうやって」「難しいか、簡単か」という問いが大事

川の流れに準えているのであって、上流階級などといったヒエラルキーの表現ではありません。

一番良くない企画の進め方は、上流を蔑ろにして適当に進めた結果、中流以下の関係者に無駄が発生してチームの士気が下がったり、最悪、空中分解をしてしまうことです。

例を挙げるなら、なんとなく「エキシビションをやる」とだけ決めて、どのような内容のエキシビションにするのかが不明確で、教員が行う授業に迷いが生じたり、必要な資料が適当になってしまったりします。関係者はもとより、有志で手伝ってくれる教員や保護者も混乱し、役割分担が曖昧になってしまいます。

最悪の場合、下流の段階になったとき、必要な資材や人数が足りず、急遽、様々なことを追加しなくてはいけなくなります。しかし、それにかかる時間や費用が計画されておらず、結果として行事が縮小されたり、一部が中止になることも考えられました。

学校は一つの行事だけやるわけではありません。何より大切なことは日々の子どもの成長を

成果物・ゴールイメージ	備考	振り返り
目的・日程・大まかな時程・場所・教員役割分担・参加者のたたき台をつくるために考えている		
このエクセルの完成。各責任者全員で話す。		たたき台を作成するのに
△先生の原稿をもとに素案作成		
11/6までに○○さんにまでに修正点を送る		
ワークシートの誤字脱字や整合性をチェック		
指摘された点を修正		
ハンドブックの合意		
子ども達の学びの工程表・大まかな当日の時程・必要備品の洗い出し・週案・子どもの使うプラン		
上記を共有、摺合せ、ブラッシュアップ		
授業案を踏まえて教員の動きを共有	□先生を中心にPMの動きをお願いする	
表や文章にする。週案と現時点で考	□先生を中心にPMの動きをお願いする	
全体の進捗管理である○先生が承認する		
どこの予算から出すかを明確にする	考えられる必要物品で新たに購入しなければいけないものは	
文書化		
①〜④までの成果物を管理職に報告、修正点の洗い出し。		
修正		
提出		
PYPエキシビションと個人探究の違いを定義したうえでプランナーに必要な項目を洗い出す。		
洗い出した項目を踏まえて児童が使いやすいプランナーのフォーマットを作成		
修正点の洗い出し		
修正		
承認		
メンターの顔合わせ、メンターの役	②授業案作成で作成した資料をもとに話し合う。	
各児童の進捗報告		
当日の配置、必要物品洗い出し		
当日概要・時程		

この行事が終わった後に
・どんな成果物が残る？(他校・IBの担

大項目	中項目	担当・参加者	引用資料	想定工数	実工数	期日	作業
①プロジェクト概要摺合せ会議			無	2	1	11/19	済
工程表作成・原議作成会議			無	1	5	10/31	済
ハンドブック作成	ハンドブック第一稿作成		有	4	16	10/31	済
	ワークシート第一稿作成		無			10/31	済
	追加指示メール					10/31	済
	会議前確認					11/6	済
	ハンドブック修正		有	5		11/12	開始
	ハンドブック合意会議		有			11/19	開始
②授業案作成	授業案作成たたき台		要確認			11/6	作業
	授業案共有・摺合せ		有			11/8	開始
③当日の流れ、当日まで	情報共有		有	2		11/10	開始
	流れ作成		有			11/19	開始
	たたき台承認		有			11/19	開始
④予算確保	予算項目の洗い出し会議		要確認	1		11/12	開始
	予算項目を紙面にする		有			11/16	開始
原議提出	管理職への情報共有・フィードバック		有	1		11/19	開始
	修正		有			11/20	開始
	原議再提出		有			11/20	開始
子どもの使うプランナー	プランナー必要事項洗い出し		無	3			開始
	プランナー第一稿作成		有	3			開始
	第一稿修正会議		有	1			開始
	修正		有				開始
	プランナーのフォーマット完成・承認		有				開始
メンターミーティング	メンター顔合わせ		有				開始
	メンター共有会議(何回ある？)		有				開始
印刷・とじ込み	ハンドブック印刷		有				開始
	ハンドブック綴じ込み		有				開始
当日案作成	当日案必要事項共有会議		有				開始
	当日案第一稿作成		有				開始
	必要物品発注		有				開始

見とったり、授業を考えたり、職員間の対話を促すことです。なので、企画の意義や規模などをしっかり考え抜くことが後の作業をスムーズに行うことができます。

また、「粒度」という考え方を導入しました。例えば、「予算を振り分ける」という仕事は「予算がいくらあるか確認する」「誰に予算を割り当てるのかを考える」「予算の割り当てを関係者で合意する会議を設定する」「関係者に声をかける」「予算の割り当てを関係者で合意する」「予算の使用を記録する」といった作業に分けられます。

良くない仕事の進め方は「予算を振り分ける」という要素がたくさん含まれた大きな粒の塊のまま担当者を決め、周りから「一つしか仕事をしない人」のように見えて、「たくさんの要素を持った仕事に苦労する人」の存在が見えなくなります。できるだけ要素を小さく砕くことで、仕事が明確になったり、負荷を様々な人に分散することが可能になります。

その際「工数」という感覚も大切です。ITシステム開発の文脈でよく使われる考え方で、ある作業を完了させるために必要となる時間のことを言います。プロジェクトの見積もりの根拠にする数字でもあり、人時、人日、人月という単位で表されます。

僕はシンプルにするために、かかる時間を想定し、作業量の重さを見えるようにしました。要は、何時間ぐらいかかるものなのかをあたりで出すことです。「**この仕事はあの人にお願いしている**」という認識と「**5時間かかることをあの人にお願いしている**」という認識ではその人への**尊敬度も違うでしょう**。「なぜ○時間かかるのか」を話し合うときには作業のイメージの共有もできました。

そうしてできあがったのが前頁のような表です。

このような表を作成して必要な業務をコントロールしていきました。

組織図を描く

組織図は先ほどの提案機関と承認機関を分けたり、担当間がどんな関係かを表現したものです。

これを書いておくことで、先ほど生活指導部が勝手にルールを決めるようなエピソードにあっ

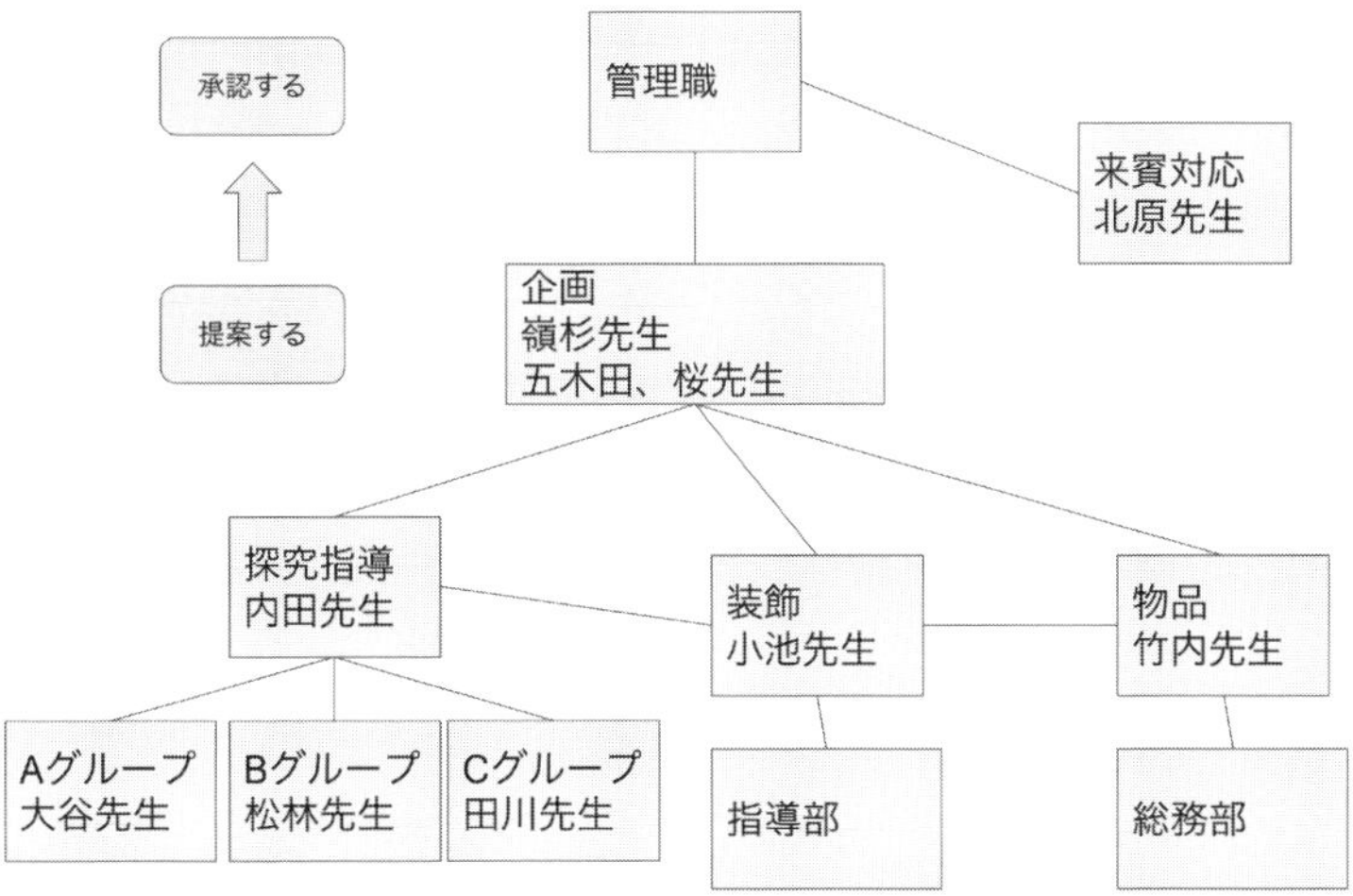

た「頭を飛び越えた」コミュニケーションだったり、仕事ができる人に仕事が集まってしまうことを防ぎます。この図を書かないとお互いの立場から出た発言と、個人の人格を切り分けにくいことがあります。例えば、備品担当としての意見として発言されたことが、その人の個人的な意見として捉えられてしまい、「あの人は他の人の苦労も考えず、すぐに予算を使う」といった形で個人へ攻撃が生じることが考えられます。また、組織内での役割や職責が不明確なため、それぞれの担当範囲が曖昧になり、業務の遂行においても混乱や摩擦が生じる可能性が高まります。

明確な組織図により、各メンバーは自分の責任範囲や役割を理解し、他のメンバーとの協力関係も円滑に進めることができます。

さらに、新たな業務が発生した際、組織図を参照することで、適切な担当者を素早く割り当てることができます。このように、組織図は組織内のコミュニケーションをスムーズにし、効率的な業務遂行をサポートする役割を果たすのです。

こういった作業を経て、関係者の合意を取り、修正があったら都度修正していきました。最終的には初年度にもかかわらず素晴らしいエキシビジョンが開催されました。

エキシビジョンを通じてのポリシー（理念）を打ち出し、メイキング（実現するような施策をつくる）する大切さを理解しました。

ここまでやって失敗する

ただこれには失敗談もあります。次年度、僕が、５学年に上がったとき、前年の通り「組織図」と「工程表」を自分一人で描いてしまいました。先のエキシビジョンで協力してくれた人たちの多くは、僕が5学年の主任をしたときのチームに多く残っていましたので、既に対話は済んでいると考えていました。他の行事も走っていたので、組織図や工程表を共につくる時間は、相手の時間を奪ってしまうと考えたのです。

しかし、合意がなかったせいで、後々不満が続出したり、期日通りに準備が進みませんでした。衝突も多く起こりました。僕も「どうして去年のように、うまくできないんだろう」といった気持ちになったこともありました。

結果として、子どもたちは大変素晴らしい発表を見せてくれました。しかし、運営としては最後の最後は力尽くでの開催でした。しかもコロナが拡大し始めた2020年のはじめだったので、毎日変わる状況の中、心身ともにギリギリだったことを覚えています。

こういったことを僕は今まであまり語ってきませんでしたが、今回この本で明かしたのはこういった経験の開示が必要な方が、日本の中にいると感じることが増えたためです。これを読んでいる方に届けばいいと考えています。

試すことの意味、ＡＢテストという考え方

学校はどうしてもやると決めたらやる、やれないと思ったらやれないということがあると思います。試行錯誤の少なさは、現実の問題に対してどのように対応していいかを考える機会を奪ってしまいます。

本来大事なのは、実践がどのように学習者に届いたのかを検証することです。大切にしている考え方が一つあります。それは「ＡＢテスト」という考え方です。

よく現場では「タブレットを使うか、使わないか」といった二項対立の議論が横行しています。本書の目指す「成長するチーム」には試行錯誤が必ず必要になります。そういったときの課題設定は「やるかやらないか」ではなく、「最初に試すにはどの程度するのか、どこでするのか、い

つまでやるのか」といった具体化する課題設定です。

「ＡＢテスト」とは、２つの異なるバージョンを比較して、どちらがより効果的かを測定する方法のことを指します。具体的には例えば、何かを教えるときに、図を見せて教える方法（Ａ）と実際に体験させる方法（Ｂ）の２つを試し、どちらが学習者の成果や満足度を向上させるかを検証します。

仮に実際に体験させる方法に効果があったと仮定するなら、実際に体験させる方法（Ａ）と、実際に体験させた後に振り返りを行う方法（Ｂ）といったように、より細かい２つのやり方を比較します。

そういったように、より検証のレベルを具体的にしていきます。そうすることで大きな損失を出さずに済みます。

損失の計算ができることは管理職にとってとても喜ばしいことです。基本的に管理職は保守的になりやすいです。なぜならば「管理」の目的は「組織を存続させること」であり「組織が存続できないダメージを受けるのは管理不足」になるからです。

挑戦をしたいと思っている授業者もクラスの「管理者」という意味では臆することもあるのではないでしょうか。なので、新しい提案をしたいときは、「ＡＢテストをしませんか？」という提案をすることがいいでしょう。

やってみてうまくいかないときは、「やめる条件」まで伝えておけば、意外とチャレンジできることも多いのです。

子どもを見て、話を聞いて、ビジョンを持つ

開智望小学校　秋元公希

大学院を卒業後、新任として開智望小学校に着任しました。教員1年目は大変な毎日でした。「先輩たちになんでも聞くのは違うし…」「同僚の先生たちも忙しそうだし…」と遠慮してしまい、何とか自分の中だけで解決しようとしていました。

自分に余裕がなくなったとき、子ども同士のトラブルが増えました。自分に余裕がなかったので、子どもたちをちゃんと見ることができませんでした。トラブルが起きたことを保護者に共有すると、保護者は不信感を募らせていきました。

困ったときに担当クラスの前任者である五木田先生に相談させてもらいました。最初は遠慮して聞きづらかったのですが、五木田先生は近所のお兄さん的な感じだったのでよく相談させてもらいました。印象に残っているエピソードをいくつか共有します。

①正しく状況整理：関係する子どもから話を聞き、状況を整理します。保護者への連絡内容が子どもから聞いた内容と違い、保護者とトラブルになることもありました。より確かな情報を伝えられるようにメモを取ったり、視覚優位な子どもが頭の中を整理しやすいように、メモをして確認することもありました。

column

②すぐ対応、すぐ連絡：トラブルが起きたら、その日のうちに連絡をするようにしています。学校で聞き取りした内容を伝えて、家庭でも聞き取りや様子などを見てもらいます。保護者からの情報でトラブルを知ることもありますが、その場合もすぐに対応することが大切だと思います。

③ビジョンの共有：トラブルが起きたときに、情報共有しかできていないこともありました。保護者の立場に立つと、「今日○○さんが、△△さんと、××ということがありました」という情報だけだと、「また問題が起きるのではないか」「解決するためにはどうしたらよいか」と考えてしまいます。トラブルの原因を考え、今後のビジョンを保護者に共有し、学校でできることをお伝えするようにしています。

子ども同士のことなのでトラブルもあります。今でもうまくいかないことはたくさんあって、失敗もします（大けがをするなど、起きない方がよいトラブルもありますが…）。大切なのは、トラブルが起きないことではなく、教師として「どうしたら子どもが成長できるか」というビジョンを持って接することだと思います。

子どもをよく見て、話を聞いて、理解しようとする。学習面でも生活面でも、もっとその子が成長できるためのビジョンを持ちながら関わっていくことが、教師として重要だと学んだような気がします。保護者とのかかわり方も、そんなことを意識するようになってから、伝える内容や対話の質が変わったような気がします。

第4章

教員の研鑽

3つの研鑽

対話ドリブンの世界では、一人一人の教員の成長も、チームでの成長も欠かせません。対話ドリブン、つまり対話から「はじめる」わけで、対話で「おわる」わけではありません。ポリシーメイキングをするということは、今はまだ実現できない目標に向かうということです。目標と現在は差があるので、その差を埋めなければいけません。研鑽はその差を埋めるために行うすべての活動です。

研鑽は次の3つに分けることができます。

1つ目は幸せになる力をつけるもの（目指している教員になるための学び）

2つ目は不幸を避けるためのもの（事故を避けるための学び）

3つ目はチームビルディング（自他の理解）

どの学びも大切なものです。

幸せになる方法と不幸を避ける方法は違う

まずは、前提となる考え方を紹介します。それは「幸せになる方法と、不幸を避ける方法は違う」というものです。幸せの形は十人十色です。お金をたくさん稼ぐことに幸せを感じる人もいれば、好きな人と一緒にいることが最上の幸せだという人もいます。

しかし、不幸になることは一定の傾向があります。人間関係のトラブルを抱えてしまったり、健康を害してしまったり、経済的に困難な状況になることだったり、不当な競争に巻き込まれることなどです。

対話を経てお互いを理解し、よはくを生み、共通のポリシーを描くことは不幸になることを避ける行為でもあります。お互いの理解が進めば、互いの距離を適切にできるので、人間関係のトラブルも減るでしょうし、よはくがないよりもあった方が人間関係も良いでしょう。

よはくがあるということは経済的に不足がある状態ではありませんし、自他の理解を経て、お互いが「違う存在」という当たり前の事実を理解できたら不当な競争も減るでしょう。その上でお互いがどのように生きていきたいかを知り、そのために必要な学びをすればいいのです。

教師の本分である教材研究や研修は「幸せになるための行為」です。教師としてどんな学びを与えたいのか、どんな教師になりたいのかは自分の幸せに直結します。

その幸せの形は自分の人生の積み重ねの延長にあるので、十人十色です。

しかし、どれだけ自分の行いたい教育方法を学んでも、今の世の中に必要な教育方法を学んで

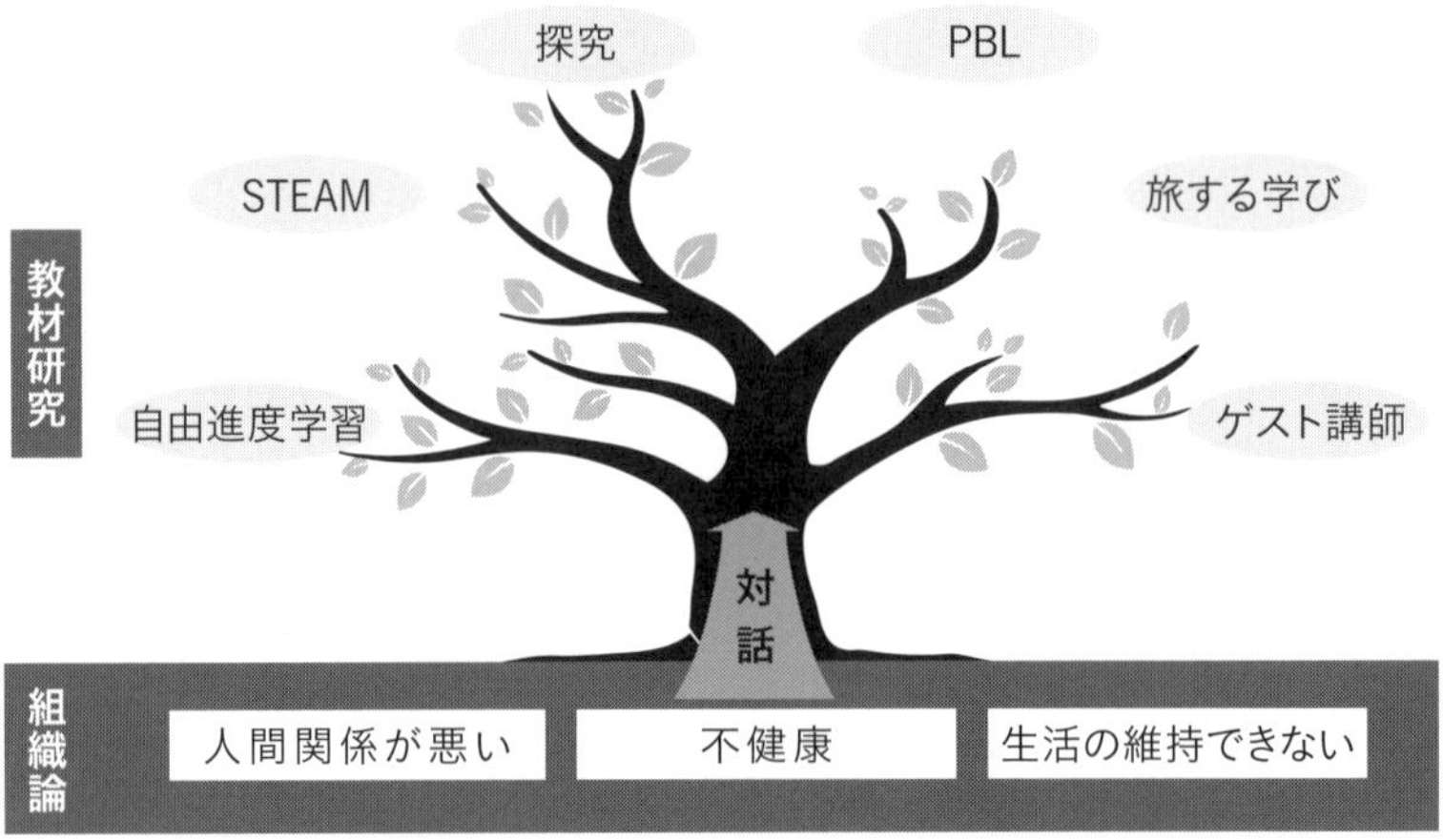

も、土台である組織が不安定であれば実践することはできません。今、ヒロックで一番気をつけていることが、シェルパ一人一人の「こうありたい」を邪魔しない上で、子どもの福利を拡張できる教育技術に昇華することです。

研修に先程の理屈を当てはめると、幸せは人それぞれ、つまり、なりたい教員像は人それぞれなので、能力の開発という意味では、自己選択できるような研修制度が求められます。

教員こそ自己調整学習を

1つ目の「幸せになる力をつけるもの」は、教育技術の向上に特化した研修となります。教科研究、教材研究、授業の方法論や授業術の研鑽が中心となるでしょう。

先に挙げた通り、幸せの形は十人十色ですし、タイミングによって何が必要かも違います。1学期と3学期では視点が違うでしょう。新任と主任、管理職では必要な知識も違います。なので、これらの研修は同じ研修を全員が同じペースで受けるのではなく、多様なコースの中から選択制にするべきだと考えています。また、タイミングごとにどの研修を受けたいか、人によって違うはずです。なので、年に◯時間は研究時間を設け、自分でどんな研修を受けるかを選択する仕組みをつくると良いのではないでしょうか。それが難しければ、放課後の時間で研修時間をつくることをお勧めします。

ここで大切な考え方は「**モチベーションは動的**」であるという考え方です。動的というのは、常に同じではなく、行ったり来たり、揺れ動くということです。

人間のモチベーションは以下の3つで成り立っていると考えています。1つ目は向上欲、2つ目は貢献欲、3つ目は発見・知識欲です。例えば、授業を上手に行いたいというのは向上欲に当てはまりますが、授業を支えるものは教育理論や技術の知識の部分です。なので、向上を目的とすれば、おのずと発見・知識欲のほうに移動することもあるでしょう。また、得た知識をもって子どもの成長に貢献するのが楽しくなってきたり、子どもに貢献するときに喜びの核になることもあるでしょう。逆にチームをまとめる立場になったら「貢献欲として」仲間のためにチームビルディングを学びたいと考えるでしょうし、家庭を持って仕事に使える時間が減った人は、時短術を学びたいでしょう。現段階で誰がどんなモチベーションを持っているのかを、機会をつくって確認していくとなお良いでしょう。こういったときもシンキングツールによる可視化は大きな

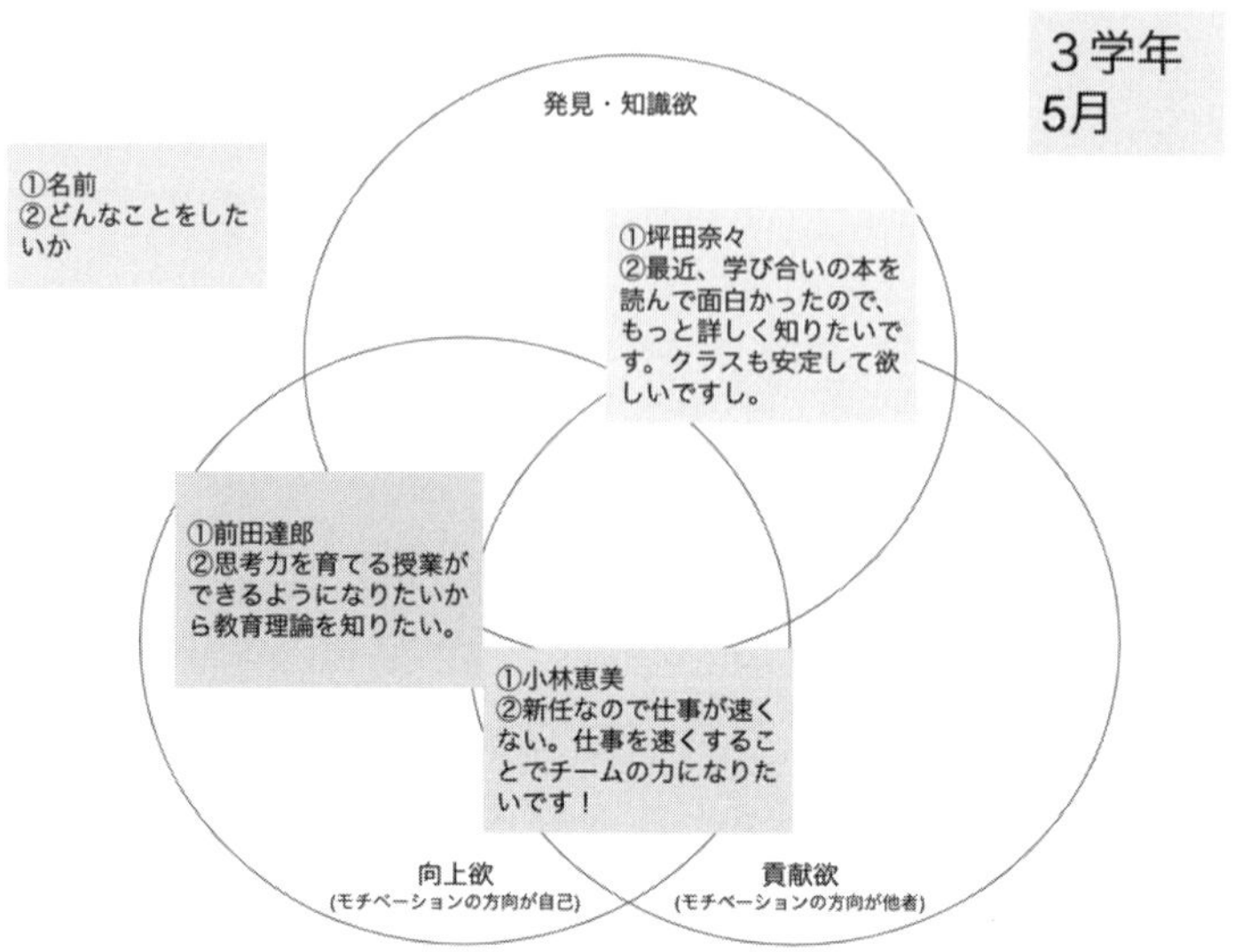
3学年
5月
発見・知識欲
①名前
②どんなことをしたいか
①坪田奈々
②最近、学び合いの本を読んで面白かったので、もっと詳しく知りたいです。クラスも安定して欲しいですし。
①前田達郎
②思考力を育てる授業ができるようになりたいから教育理論を知りたい。
①小林恵美
②新任なので仕事が速くない。仕事を速くすることでチームの力になりたいです！
向上欲
(モチベーションの方向が自己)
貢献欲
(モチベーションの方向が他者)

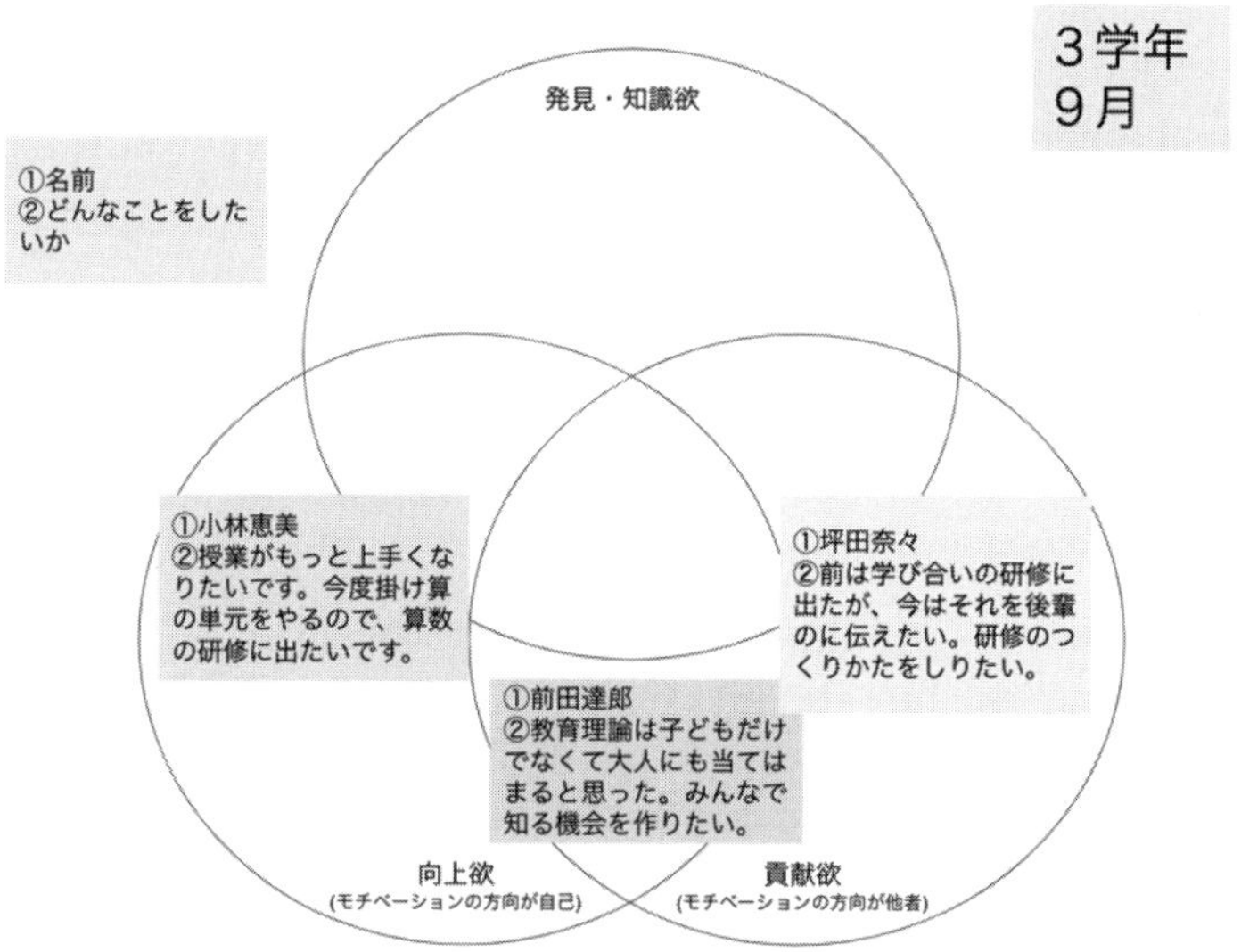
3学年
9月
発見・知識欲
①名前
②どんなことをしたいか
①小林恵美
②授業がもっと上手くなりたいです。今度掛け算の単元をやるので、算数の研修に出たいです。
①坪田奈々
②前は学び合いの研修に出たが、今はそれを後輩のに伝えたい。研修のつくりかたをしりたい。
①前田達郎
②教育理論は子どもだけでなくて大人にも当てはまると思った。みんなで知る機会を作りたい。
向上欲
(モチベーションの方向が自己)
貢献欲
(モチベーションの方向が他者)

効果を発揮します。上記のように定期的に自分はどんなもモチーベションを持っていて、以前とどう違うのかを表現することができれば内省にもなりますし、相手の理解にもつながります。また、「それだったらこんな研修に出るといいよ」「たぶんあなたに必要なのはこんな考え方だよ。参考にしてね」といったコミュニケーションが生まれるきっかけにもなります。

研鑽はとても大切なものですが、日々にはよはくがなく、業務に意識をとられてしまうと、成長することも知識を求めることも他人に貢献することも優先度が低くなってしまいます。僕は「**研鑽をするから余裕ができる**」という考え方をしています。でも、それは人それぞれです。研鑽よりも家庭が忙しい人だっていますし、心に余裕がない人だっています。チームとして研鑽の時間をデザインするのは様々な立場の人がいるからです。授業の前にその業務の仕分けを一緒にしてあげたり、やらなくて良いことをやらなくていいと言ってあげる、やらなくていいような工夫を提供することもとても大切なことです。そういった行動が巡り巡って教員自身が「学ぶって楽しい」「学びって大切だ」と思えるでしょう。そういうチームになれれば、子どもにも学ぶ楽しさ、自分で選ぶ大切さ、人を支える素晴らしさが伝わるのではないでしょうか。

教員こそ一斉学習を

子どもの安全に関わることや保護者対応などは、一つ間違えると不幸が生まれます。それは全員が一定のレベルまで習得を目指すべき技術です。

「不幸を避けるためのもの」では、事故防止、法的な問題を避けるための法令講習、正確な事実の伝達方法、緊急時の対応方法などが含まれます。例として、子どもが学校での事故やトラブルを未然に防ぐための実技トレーニングや、具体的な法令を学ぶセミナー、緊急時のシミュレーショントレーニングなどが考えられます。

また、教員全員が必須の技術として「見とり」があげられます。子どもの現状を見とる力を育まないまま授業を行えば、どんなに教材研究をしたとしても、本人の興味関心や適性に反するアプローチをしてしまう可能性があります。むしろ「なんでこんなに教材研究しているのに真面目に聞かないんだ」「技術が足りなくて自分は教師に向いていないんじゃないか」と子どもや自分自身を責めることにもなってしまいます。

どれだけ教材への解釈が深くなっても重大な事故が起きてしまったら一発でアウトですし、トラブル、苦情などへの対処は、法的なアプローチが必要になります。先に挙げた、理解はするけど押し込まれない、というのも法的なバックグラウンドを知っているかどうかで、次の手が変わっていきます。

こういったことに関しては、興味関心とは別に、職業的な知識として学べる研修制度が必要です。メタファーとして「一斉授業」という言葉を使いましたが、法的な知識や保護者対応の知識は人それぞれ。講習をレベル別に分けて開催し、**自分が「ぎりぎり知らない」レベルの知識を取り入れられるような研修制度をつくることをお勧めします。**

1つ目の選択制の研修も、2つ目の全員必須の研修も、根底には先に挙げた「チャレンジ バイチョイス」の考えがあります。

3つ目の「チームビルディング」は本書で長く語っている自他の理解を目的としています。教材研究やクラス経営術、時短術など、個の技術についての研修は個人で参加できますし、メリットがわかりやすいので受けやすいですが、チームビルディングは複数人いないと意味がない。文字通りチームの研修なので、こういった研修は設けにくいものだなと感じています。プロジェクトアドベンチャーなど、教員のチームビルディングを助ける研修を取り入れていくと良いでしょう。私は日常的に行うと変化を具対的に感じられるので、「エンゲージメントカード」を自身の開催する研

修で行っていました。お互いの大切にしている価値観を、表面化することができるのでお勧めです。

その「アップデート」は本当に「アップデート」と言えるのか

様々な授業法を習得することは教員の責務ですし、コロナ禍に入り無料セミナーも含めて多くが乱立しています。玉石混合だとは言え、学ぶ機会があることはいいことです。

しかし、授業を行う教員の思考の癖が、旧来のままのような気がします。最近の教育書では「アップデート」ということがしきりに言われていますが、「この方法が良いからこっちにくるべき、アップデートしろ」であれば、旧来の思考の中身を変えただけだと言わざるを得ません。例えば、「社会に出たらコミュニケーション能力が大事だからコミュニケーションの仕方を教え込もう。まず挨拶はこのぐらいの声の大きさで…」といった形だったらどうでしょう。「算数が大事だから筆算のやり方を教えよう。このマスに繰り上がりの数を書いて…」内容を変えただけで構造が変わっていません。

アップデートが悪いわけではありません。アップデートという、何となく良さそうな言葉につられてしまい、中身を変えただけで思考の癖は変わっていないことに気づけるかどうかが大切です。

大切なのは自分の「思考の癖」そのものを理解することだと思います。ちなみに僕はものごとを仕組みとして捉えがちです。一人一人の能力の向上というシンプルなことの大切さを見逃すこともありました。「思考の癖」を理解するには、別の思考と出会う以外の方法はありません。別の思考の癖と比較することで強みも弱みも理解できます。別の思考になれ、ということではなく、どんな思考が必要かを考えるべきなのです。まさに自他の理解、つまり対話が必要なのです。

お互いが対話を通じて成長し合う。その成長はすべて子どもの幸せにつながる。そんな学校が全国に増えることを願っています。教員がいない方が、子どもは幸せになるような教育なのであれば、教員もいりません。しかし、教育も教員も子どもたちの幸せのために必要なものだと考えています。この本は「こっちにこい！」「このやり方をしろ！」というものではありません。「理解はしても受容はしない」は、教員の学びにも大切な考え方です。自分たちで考え、自分たちで向かうべき先を決めていく。そんなプロセスこそが「成長するチーム」の条件です。

先輩から後輩へ。思った通りに成長しない後輩

「後輩指導」と言うと、どうしても「教員とはこうあるべき」を押しつけてしまいがちです。先輩はパワハラや偉ぶる自分になることを恐れ、後輩は、「どうして気にかけてくれないんだろう」と悩みます。後輩であった頃にはそう悩んでいたこともありますし、主任になりたての頃

は、後輩にどう接していいかわからないことも多かったです。

後輩指導をする際に必ず伝えることが3つあります。

1. モチベーションが上がらないときや体調が悪いときは必ず言うこと
2. 困ったことがあったら言えたほうが偉いこと
3. 「やる」か「やらないか」で迷ったら必ず「やる」を選ぶこと

逆に言えば、「モチベーションのあるフリをして、先輩の時間を奪うこと」「困っていることを先輩に気を遣って相談できない状態が続き、手のつけられないレベルの問題になってから対応すること」「『やらない』を選んだ結果、迷っていることに周りが気づかないこと」は絶対に避けなければいけません。

モチベーションや体調が上がらないことを知っていれば、何をすれば回復するのかを知るチャンスですし、相談してくれれば自分の経験を嫌みなく、押しつけずに話せるチャンスです。

「やる」「やらない」の話で言えば、「教師は子どもの自主性を育てたいから、指導を手厚くしないほうがいい」と考えすぎて、先輩であるこちらは「子どもが見えてなくて声をかけないのか、あえて声をかけないのか」がわかりません。

子どもに声かけをしていれば、その声かけが必要であったかどうかを、後で議論することができます。そもそも人によって声のかけ方も違うので、声をかけるのであればどのように声かけをすればいいのかという解像度の高い議論もできます。

僕の価値観で言えば、優秀な後輩の条件は能力が高いことではありません。弱みをフラットに伝えられることや、考えをちゃんと言葉にしてくれる後輩ほどありがたいものです。むしろお互いが、こういった開示の関係をつくれるかどうかに、教員の成長は関わっていると確信しています。

虎の巻をつくる。人格攻撃にならない方法

後輩指導のコツは、指導の前に虎の巻をつくることです。

たまたま授業を見たときに指摘したり、思いついたときにアドバイスを送ったり、たまたま時間があったから指導をしたり。このような感じで後輩との関係をつくってしまうと、後輩はこう思います。「気まぐれで話してるな」。後輩に限らず、そう思われた瞬間から話は心に染みません。

虎の巻を先につくり、アドバイスしたいときに、**その虎の巻に立ち戻って行えば、「あとだし」がないのでお互い対等な存在になることができます**。後輩は、どのポイントを指摘されているのかがわかりますし、どのポイントを意識して授業をすればいいかも先輩がいなくてもイメージで

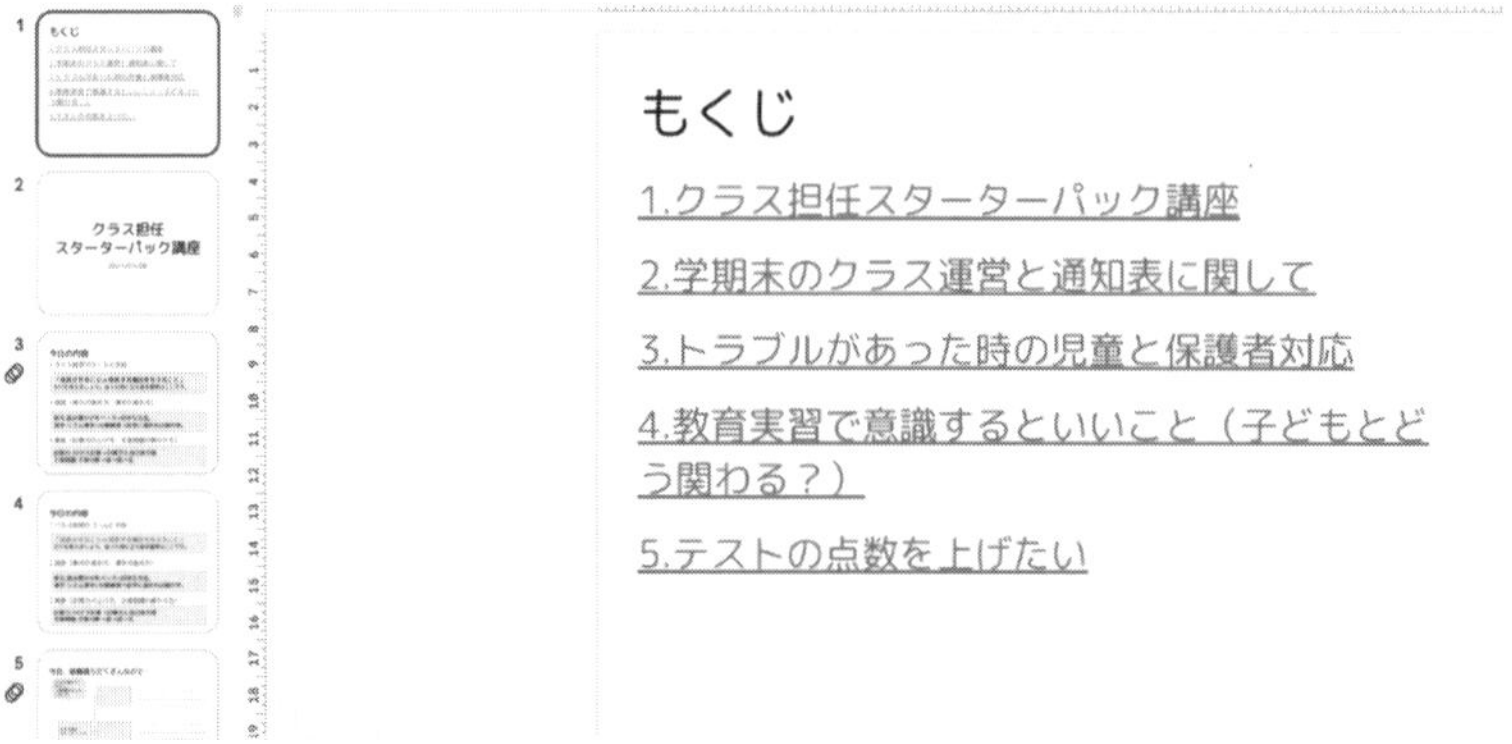

きます。

つまり虎の巻は後輩指導のための明確なガイドラインになります。これにより、指導者側も、どのポイントを重点的に伝えるべきか、どのようなアプローチで伝えるかがクリアになるため、一貫した指導が可能となります。同時に、後輩も自らの成長過程や、得られたフィードバックを確認しながら、自律的に学びを深めることができるのです。

ただ、虎の巻をつくればいいわけではなく、虎の巻が描いている世界観に賛同できるかどうかを、合意することが大切です。もしその人がその虎の巻の方向性自体にピンとこないのであれば、別の人に指導をお願いするほうがいいです。

虎の巻をつくる際には、実践的な教育現場でのヒントやアドバイスだけでなく、具体的な例やシチュエーションも盛り込むと良いでしょう。さらに、後輩とのコミュニケーションの中で得た実際の疑問や課題を反映させることで、より実践的かつ生きた虎の巻としての価値が高まります。

虎の巻のつくり方

虎の巻は以下の項目を意識してつくることをお勧めします。

① 前提やゴールイメージ

最初に、何のための「虎の巻」なのか、目的や背景を明確にします。どんなに良いものでも、読む人が目的や背景に共感できなければ、「押しつけ」になってしまうからです。虎の巻は「使っても使わなくてもいいもの。けれど、役に立つもの」という考え方でつくっています。例えば、「何にどう困っていて、どうなりたい？」「保護者は味方である」「情報を整えることができたら立場が違っても見ているもの（目的）が揃えやすい！」といったメッセージがそれにあたります。

② よくある間違い

よくある間違いを記述する目的は、読んでいる人に「今ここで困っている！」「こういう不安を持っている！」と自分ごとにする必要があるからです。正論が受け入れられるわけでなく、自分に必要な論点を人は受け入れます。逆に言えば間違ったり、迷ったりしたときほど、成長のチャンスであり、考えを伝える最大のチャンスでしょう。

③　具体例

理論だけではわかりにくい場合があるため、実際の事例として成功例、失敗例を挙げることで、より具体的なイメージを持つことができます。また、実際の例を参考にすることで、理解が深まりやすくなります。例えば、「面談までにすること」のリストなどがあたります。

④　ツールの紹介

目標達成のために役立つ資料やシートを紹介します。これにより、どうすればいいかをイメージすることができます。僕の場合は、必要な項目を書いておいて、その中の記述は自由にします。そうすることで一人の子どもや教員によって必要なことを自由に書けるからです。そのような項目がないと「子どもの見とり」をシェアしたいのに、いつの間にか教員の「べき論」を書き始めることもありますし、逆に、どんなビジョンを持っているかを知りたいときに、知っている事実だけを記入されることもあります。

項目は固定、内容は自由、このバランスがツールをつくる上で大事な考え方です。例えば、「面談チェックシート」や「トラブル聞き取りチェックシート」などがそれにあたります。

⑤　参考図書

「虎の巻」の内容に関連する書籍や文献や動画コンテンツなどをリストアップします。これにより、虎の巻を読んだ人がさらに詳しく知りたい、学びを深めたいと思ったときに、手を伸ばしやすくなります。特に影響を受けた文献や、基本となる教科書などを紹介すると良いでしょう。例えば、専門書を提示することもありますが、ライトな動画コンテンツがあると気軽に学びやすいです。

⑥　子どもの成長の記録

何より大切なポイントです。机上の空論や綺麗事はどうとでも言えますし、たくさんの書籍に書いてあります。なによりも子どもの成長を見せることが大切です。成長したことが大人から見たら大したことがないように見えることもあります。例えば、もともと字が綺麗に書けなかった子が少しでも読める字になったり、筆圧を強くしようとする姿勢などです。「その程度の変化で喜ぶなんて」と疑問に思う方もいるでしょう。しかし、少しの成長でも子どもからしたら、何か自分を変えたから起きた成長です。その成長を成長として見ることが大切です。

最後に、作成した「虎の巻」は定期的に見直しを行い、新しい情報や経験に基づいて内容を更新することが大切です。時代や状況に応じて変わる情報やツールを取り入れることで、常に最新かつ有効な内容を持つ「虎の巻」を保つことができます。

後輩から先輩へ。命令に納得できない僕

先に後輩育成の文脈で書きましたが、先輩や上司に対しても疑問や不満を持つことは、一般的なことであり、多くの職場や組織で発生します。特に、新しい考え方や技術、方法論を学んだ後輩が、既存の方法やシステムに疑問を持つのは自然な流れと言えるでしょう。前述は自分が「先輩」の立場ですが、今回は自分が「後輩」の立場を描きます。そんなとき大切なのは、「先輩の時間をもらう」ことです。週に一度、先輩の時間を30分もらいましょう。そこで先に挙げた4つの質問をしたり、指示の意図を聞いたりする時間をつくります。

往々にして、命令や指示が納得できない主な理由として、それらの背景や意図が十分に共有されていない場合が考えられます。明確な情報が伝わらないまま、後輩は「なぜこの方法でなければならないのか?」「なにをすればゴールなのか」という疑問を持ち続けることになります。立場に関係なく、意味が通じていない場合だと、どんなに正しい指示でもうまくいきません。仮にうまくいっても成長のチャンスを逃してしまいます。

また、後輩が学んだ新しい知識や方法が、現在の組織のやり方と矛盾している場合、そのギャ

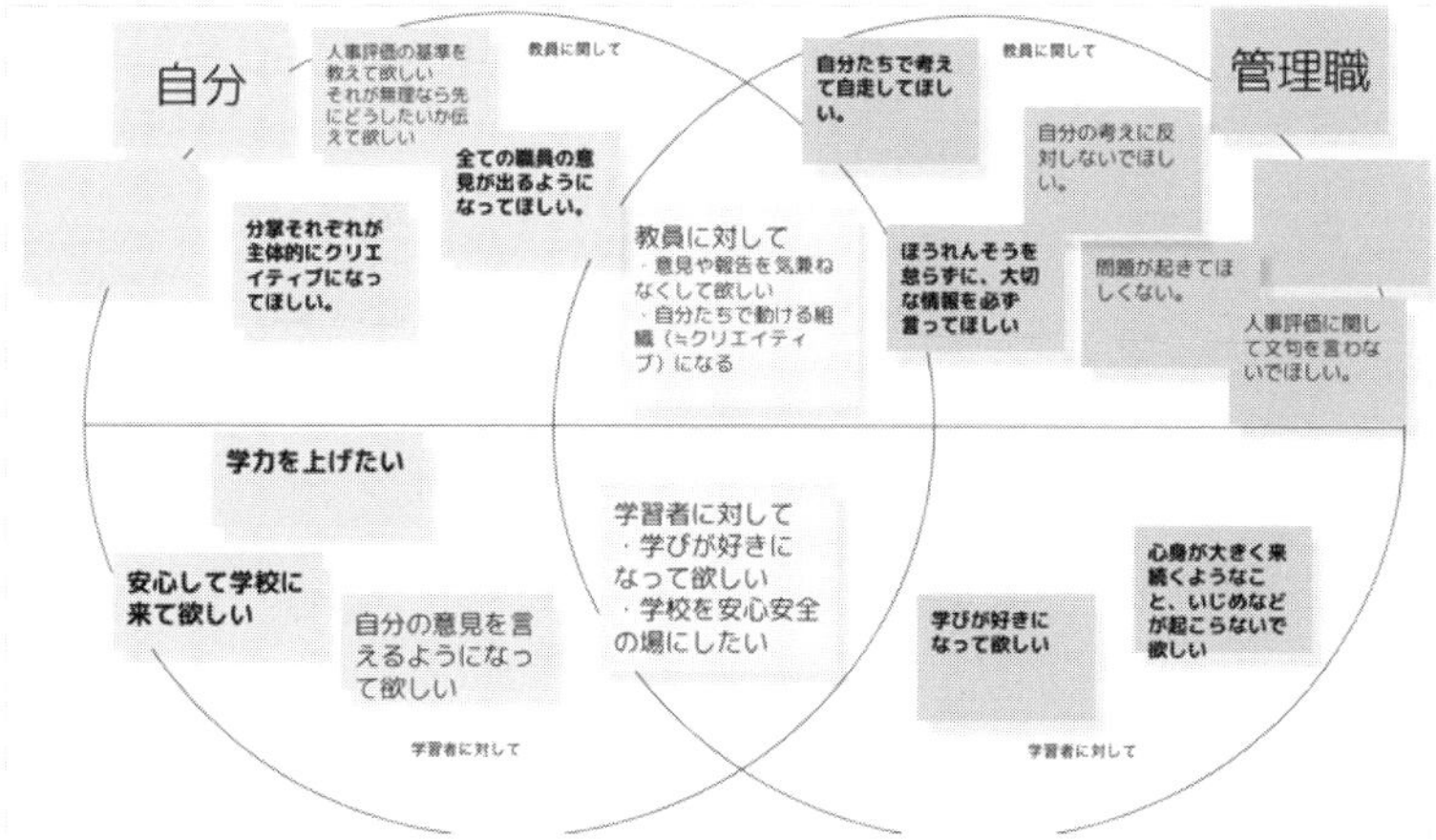

ップを埋めるためのコミュニケーションが不足している可能性もあります。

　立場が違えば見える景色や得られる情報は違います。認識が違えば判断も違います。これが「あの上司はわかってない」「後輩が仕事の意味を理解しなくて困る」といったコミュニケーションの根源です。公立であれば教育的判断の他に、数年に一度変わる人事的な視点で判断をすることもあるでしょうし、私立であれば経営視点の判断も加わります。

　それらをすべて理解し合うのは無理です。しかし、情報の不一致が少しでもなくなれば、コミュニケーションは楽になります。

　上司相手に緊張する人もいると思いますが、僕がそんなときによく使っているのは、ベン図です。シンキングツールと呼ばれるものは思考を整理するのに役立ちます。なによりも文字に落としていくと「人格」ではなく

「この意見」に対して話し合う事ができるので、心理的安全性が高まります。

これは僕がよく使うベン図です。Google slidesの共同編集機能を使って相手と一緒に書いていますが、紙でもいいでしょう。お互いの立場から「職員に対して」「子どもたちに対して」どうありたいのかを書いていき、共通点を見つける活動です。共通点さえ見つけられれば「自分ごと」が、「自分たちごと」に変わります。「自分たちがしたいこと」なので、お互い協力関係をつくれるでしょう。**「自分たちごと」になったらそれに合った授業法を紹介したり、共に学んだらいいのです。**

原理原則を大切にする意味

様々な教育の原理原則は教育を科学的に捉えたり、哲学的に捉えた叡智の結晶だと考えています。原理原則を意識することは、次の3つの意味があります。

①立ち戻る場所をつくることができる
②矛盾に気づくことができる
③スタンスを示すことができる

原理原則に立ち戻る場所があると、教育実践の中で迷ったときや、新しい課題や状況に直面したとき、方向性を見失わないようにするアンカーとなります。教育の現場は複雑であり、多くの要因が絡み合っている。そういった中で、どのような基盤のもとに行動するのか、どのような価値観を持つのかが明確であれば、適切な判断や行動をとることが容易になります。

また、原理原則に基づく行動をとることで、矛盾に気づくことができます。日常の忙しさの中で、自らの行動や判断が、本来の目的や原理からズレていることに気づかないことは少なくありません。

しかし、しっかりとした原理原則を持つことで、そういった矛盾やズレに気づき、修正する方向を模索することができるのです。逆に言えば、自分の信じていた原理原則自体の矛盾や理解の浅さに気づくのは、目の前の子どもたちの育ちを見ること以外ありません。

これは有名な学者が提唱したものであっても、自身の経験からくる教育理論や手法でも一緒です。矛盾が見つかったらハッピーだと考えるようにしています。矛盾に気づけないときほど自身を疑う癖をつけたいものです。

原理原則を持つことで、自らの教育的スタンスを他者に示すことができます。教育に関わる者同士、時には意見や考え方が異なることもあるでしょう。しかし、明確な原理原則を持ち、それを基に意見や提案を行うことで、他者との違いが見えるようになります。また、自らのスタンスを示すことで、信頼関係の構築や共感を得ることも可能となります。ちなみに僕は教育実践をもっとも支えているのはヴィゴツキーの「発達の最近接領域の理論」です。

教育者は得てして、自分の経験により目の前の子どもの姿を認識したり、教育方法を選択します。経験はとても大切なものですが、経験のみで子どもを判断すると、今までに得られなかった視点を見逃し、力尽くで自分の論理に持っていってしまうことが起こりやすいです。これが、キャリアを積むごとに「自分の常識」に囚われてしまう原因です。ここでヴィゴツキーの「思考と言語」の一節を引用します。

ピアジェの実験で、ある子どもは、最初、この球は小さいので水に溶けたと主張した。そして、つぎの別の球のときには、これは大きいので溶けたのだと言った。われわれがこれら二つの判断のあいだに明瞭な矛盾を感ずるとき、われわれの思考のなかで進行することを解明してみるなら、われわれは、子どもの思考がこの矛盾を把握するうえに何を不足しているのかを理解できよう。われわれの研究が示しているように、矛盾は、矛盾した判断が関係する二つの概念がそれらより上にたつ一つの上位概念のなかにはいるとき気づかれる。その時われわれは、同一のことについて二つの矛盾した判断を述べているということを感ずるのである。だが、子どもの場合は、一般性の関係の未発達のために、まだ二つの概念が一つの上位概念の構造のなかに統合される可能性を欠いている。そのために、かれは一つのことについてではなく、二つの別々のことがらについての自分の見方という観点から、二つのたがいに排他的な判断を述べるのである。かれの思想の論理においては、対象そのもののあいだに可能な概念間の関係のみが可能である。かれの判断は、純粋に経験的な確認という性格をおびている。知覚の論理に、一般に矛盾を知らない。

『思考と言語』ヴィゴツキー

これは、子どもが矛盾を認識しないのは、一般性の関係が未発達であるためだという指摘です。しかし、これは子どもだけの問題でしょうか。教員からたまに聞く、「勉強ができないのは勉強量が足りないからだ」「だから宿題をたくさん出そう」という論理があります。こういった論理には「勉強ができるようになった子はたくさん勉強していた」「自分の人生の中でたくさん勉強したのは受験勉強だ。だから大学に合格することができた（成長した）」という自分自身の経験が、子どもを「勉強量」という視点でしか見られなくなる、といった「経験によるバイアス」を指摘しています。

様々な原理原則を知ることで、子どもたちや教員組織への眼差しに「そんな視点があったのか！」「そうやって理解すればいいのか！」と広がりが持てるようになります。広がりを持てる度量を持てれば持てるほど、多様な価値観を受け入れることにもつながりますし、多様な価値観を受け入れようとする努力を肯定できます。

研鑽は重要ですが、後回しになりやすいことの最たるものだと考えます。しかし、研鑽をするから解決できることが多いです。**研鑽をする時間がないのではなく、研鑽をしないから解決できない問題が増える、**というマインドセットを持つことが大切です。そして、そのマインドセットを組織全体で持てるよう工夫を続けていきたいものです。

研鑽のおわりに

対話から始め、よはくをつくり、目指すポリシーを言葉にして、そのための施策を打つ。試行錯誤しながら教員は成長する。そんな組織が全国各地に生まれたら、本書の冒頭に挙げた「教員の多忙」も「ミドルリーダーの疲弊」も解決するのではないでしょうか。「共に成長する」デザインは職員室の対話から始まる、そんなイメージが本書を通じてお伝えできたら幸いです。

column

新旧のバディより

ヒロック初等部　蓑手葉子・蓑手章吾

ヒロック初等部設立時から2023年7月まで、同じ校舎でバディとして活動を共にした蓑手章吾と、現在、僕が校長を務める代々木校で共に子どもに寄り添っている蓑手葉子にコメントをもらいました。対話を重じている（つもりの）僕が、バディからどう見られているのか、気恥ずかしいものもありますが、真摯に思いを綴ってくれました。

＊

「ようこさんはどう思いますか？」

2人で打ち合わせをしているときにはもちろん、複数人での話し合いの場でも「どうですか？何かありますか？」と、いつも洋平さんはそこにいるみんなに話を回して、一人一人の思いや願い、またその言葉の裏の見えない部分を受け止めようとしてくれているように感じています。

ヒロック初等部代々木校は洋平さんと私、2人のメンバーでスタートし、新しい場所、初めましてのコゥ・ラーナーを迎え入れ、ドラマチックな毎日を過ごしています。

目の前のコゥ・ラーナーがどのように学び、成長しているのか。また、どのようなアプローチが必要なのかを毎日２人でリフレクションをしています。

「今日のあの指導はどうやってアプローチしたのですか？　聞いている顔がいつもより穏やかだったけど」

「僕はあの行動、こういう意図でやってると思うのですよね」

「あ、そういう考え!?　いやぁその考えはまったくなかった」

と、こんな感じで形式張る感じではなく、同僚と話すというより友達と「だべる」ように進んでいきます。

言葉数が少なく思いをまとめて伝えることがあまり得意でない私にとって、洋平さんと「だべる」ことによって、自らの思考が繋がり、お互いの思考を繋げ、それをさらに広げていくことができているように感じています。

自然体でいられる心地よさなんてものも、洋平さんとの対話の中で引き出してもらっているように思います。

蓑手葉子

＊

column

五木田洋平さん（以下、与平さん）とは、ヒロック初等部を立ち上げるにあたって1年間、毎日のように対話を繰り返してきました。幅広いジャンルの本を読み、その上で頭でっかちにならず、自身の経験や異なる他者の意見をもとに思考している人、という印象です。

ヒロック初等部が開校してからも、放課後に2人で話すということを1年間行ってきました。基本は僕がメインをやらせてもらうことが多かったので、僕が見えていない子どもの動きや取りこぼしている事象を、丁寧に掬ってくれていました。教員の対話というと、誰かの授業に対して評価する、もっと言えば、ダメ出しするようなところがありますが、与平さんはそういったことはなく、子どもの事実とこれからについて同じ立場として話してくれ続けた印象です。

2人というのは難しいですよね。意見が同じだと完全な正解だと誤解しやすいし、異なったときに立場や信念の影響を受けがちです。きっと与平さんも、僕に言いたいことがあるんだろうなぁと感じることもありました。遠慮をするという意味では、僕も同じだったような気がします。

そこで、2人で相談していくつかシステムをつくりました。「強いて言えば」や「あえて違う角度から考えると」のように、1日1つ意見を出そう。それは批判ではなく、よりヒロックを強固にしていくために必要なことだから。

それからは、意見が同じときでも「本当にそうかな？」と考える視点を持ったり、異なる意見のときには、その背景や思想についても話し合えるようになりました。

column

2年目からは仲間も増え、よりシステマティックに対話するようになりました。与平さんは、相手のバックボーンや趣味嗜好を大切にする人です。その人がどんな価値観を持って、何に影響を受けているのか。その情報をもとに、システムやパターンで、時間をかけて丁寧に積み上げていく。感覚人間でコスパ重視の僕にはできない思考なので、一緒に働かせてもらって、とても参考になっています。これからもよろしく。

蓑手章吾

エピローグ

公立学校に勤められている方へ

僕自身は私立小学校とオルタナティブスクールでの実践を積んできました。自分一人や仲間と楽しく、教員人生を送ることはできると思います。その経験自体は特殊です。しかし、その経験を「多様な学びの場をつくるため」「公教育にもより多くの多様な学びを実装する」ために使いたいのです。そのためにこの本では、僕の仲間ともいうべき人たちの実践を紹介いたします。寄稿文の形であったり、インタビューの形であったりと形式は様々ですが、公立でも組織へアプローチし、より子どもたちへ多様で良い教育を届けようと試行錯誤を続けている方を紹介します。本書の読者は公教育で奮闘されている方も多いはずです。誰かの背中を、温かく押すことができたら幸いです。

「わからない」を対話で越える

埼玉県公立小学校　岩崎京太

私の勤務校は、埼玉県の公立小学校でどこにでもある普通の小学校です。

私は勤務して5年目で研修主任と情報主任を任されました。ちょうどＧＩＧＡスクール構想の2年目の年です。その年は、ポリシーを掲げ、より良い授業や教育活動のために、子どもから職員までがＩＣＴを使えるようになろうと学校研究に取り組みました。徐々に端末にも慣れ、ＩＣＴを活用する場面が少しずつ見えるようになりました。そして、年度が明け、ＧＩＧＡスクール構想3年目になりました。情報主任は継続して担当しました。しかし、ＩＣＴが学校研究の対象でなくなり、新しい先生が異動してくる中で、様々な「わからない」が出てきました。

・本当に校内のＩＣＴ化は進んでいるのだろうか。
・進んでいると思っているのは自分だけなのではないか。
・活用が進んでいるとしたら原因はなにか。
・どんなサポートや行動が効果的であるのか。

これらの疑問を解決することで、次に何に取り組めば良いのかが明確になると考えました。

そこで、「対話」を用いて、同僚の先生にインタビューを行いました。インタビューした先生は、パソコンが苦手でしたが、学校研究を通して、ＩＣＴを使うようになってきたベテランのＡ先生です。学校の中で、一番成長した先生です。

今回のインタビューでは、アイスブレイクに「過去・現在・未来」の質問を聞き、なぜ使うようになったのかをさらに質問する形で対話を行いました。

「変な質問して良いですか」とＡ先生に放課後いきなり声をかけました。

質問１：どうして先生になろうと思ったのですか？（過去）
質問２：学校の子どもたちはどんなイメージですか？（現在）
質問３：どんなことが起きると嫌な気持ちになりますか？（現在）
質問４：どんな子どもたちに育てたいですか？（未来）

さらに「どうしてＩＣＴを使うようになってきたのですか？」を切り口に対話をしました。Ａ先生からは、不登校の子にクラスの子どもの発表を見せてあげたいという思いからＩＣＴを使い始め、様々な所で使うようになったことを話していただきました。また、プログラミング教育を行わなければならないけれど、私はあまり知らないからＩＣＴ支援員さんの指導を見て、教えながら自分も学んでいることも楽しそうに話していました。

質問することでA先生の物事の捉え方や大切にしていることがわかりました。また、これまでの教員人生などのバックボーンを知ることができました。

そして、A先生との対話をさらに進めることで一人一人にICTに取り組むきっかけの必要性に気づきました。GIGAスクール構想だからやる、一人一台端末が配布されたから進める、といった論理で話すのではなく、どんなことに困っているかを聞き、課題に沿ったICTの活用を一緒に考えることがより良い活用に繋がることに気づかされました。

また、A先生の「子どものためになんとかしてあげたい」という思いを知ることができ、尊敬する部分がさらに増えました。実は、A先生と一緒の学年を組ませていただいたことがあります。対話をしていく中で、「これは知らなかった、さらに詳しく聞きたい」という気持ちでいっぱいになりました。そして、どんどん質問している自分がいました。人を理解するためには、相手への興味関心がなければ進みません。しかし、日常生活では仕事に追われ、同僚に先生の人となりを知る機会がほとんどありませんでした。A先生のことをもっと知っておけば、組んでいる際にもっとより良い提案ができたはずです。

A先生とのインタビューを通して、「一人一人の課題にアプローチしながら活用方法を提案する」という方針を立てて、ＧＩＧＡスクール３年目を進めることができました。

人間は、観察や予測ができてしまいます。しかし、その観察や予測で得たことは本当なのでしょうか。例えば、筆箱の中身をチェックすることや教室移動する際は並んで歩くことなどのルールを、見たり聞いたりするだけで異和感を持つ方もいるかもしれません。しかし、本当に大切なことは、ルールや行動ではなく、なぜ行い、何を大切にしているのかです。相手に聞いてみたいという気持ちを持つことで、相手の大切にしていることを聞き出すことができます。

ぜひ、「わからない」に出会ったら、対話してみませんか。相手への興味こそが、相手を理解するための一歩になるはずです。

＊

ポリシーメイキングによる「対話」「よはく」

大阪府公立小学校　荒石将司

社会人22年目です。教員になって7年目になります。教育の重要性を考えた結果、小学校の先生に転職するに至った次第です。

当時の勤務校は、学校全体を大きく俯瞰すると、それなりに落ち着いた学校だったと思います。しかしながら、ある学級や個の子どもにミクロ的にスポットをあてると、大変な思いも少なくなかったことを思い出します。

また違う角度から見ますと、学校のきまりに「忖度」できる大方の子どもと、守ったところで教育的な効果があるかどうかわからないことを本能的に見破る一定数の子どもで成り立つ学校、とも表現することができます。

「守ったところで教育的な効果があるかどうかわからないきまり」とは、具体的には、教室の外では下靴を履くというものです。実際には、わずか数メートル隣の教室に移動する際には、子どもは、上靴のまま移動してしまいます。まして、僕を含めた教職員も、確実に守ることができないきまりなのです。教職員は、多忙を理由にしたり、子どもとは違う「大人」であることを理由にしたりして、別の階の教室や職員室まで上靴のまま移動してしまうのです。

それにも拘らず、きまりに則らない子どもには厳しく指導したりしなかったりという、何とも言葉では表現できない日常を繰り広げるのでした（このきまりも、ポリシーメイキングされた『靴箱プロジェクト』という大人の対話により、また、コロナ渦によりもたらされた休校期間という「よはく」の活用により、恐らく60年続いていた歴史にピリオドを打つことができました）。

このような状況のなかで、僕が問題意識を醸成することができたのは、当時の学校長が打ち立てた学校教育目標である「すべての子どもの学びを保障する」というポリシーがあったからです。

一つの教室の中で行われる授業といえば、なんとなく大多数が理解することや、手を挙げている子どもの「なんとなくわかった発言」によって進んでいくものでした。

しかし、「すべての子ども」となると、そうはいきません。

公立の学校なわけですから、すべての子どもが学ぶ場所でなければならないという当たり前すぎて、当たり前に思うことのできない事実に、ポリシーのおかげで気づくことができました。

もし仮に、「すべての子どもの学びを保障する」というポリシーを持つことができなかったなら、この学校の未来においては、教室に居場所が見つけられずに不登校になる子どもや、友達とフラットな関係を築くことができずに、いじめや自殺に手を染める子どもが出ていたかもしれません。今、正に日本の公教育が直面する問題が、この学校にふりかかってもおかしくなかったかもしれません。

話を元に戻しましょう。「すべての子どもの学びを保障する」というポリシーを自分軸として持つと、僕自身の頭のなかに、通知表の評定欄に着目して、個人懇談会を行っていることへの疑問が溢れてきたのでした。

一定期間の子どものあらゆるがんばりや学びが、一つの数字に表現されるので、この数字が「1」なのか「5」なのかによって、保護者と教師が一喜一憂するだけです。子どもにとっては、ほめられるか怒られるかの二者択一状態で、学びのフィードバックを得られることは、ほぼないのです。

この状況を改善するプロセスとして、自己の考えを整理しました。

・ペーパーテストが得意な子どもにとっては、点取りゲームの結果として、評定欄は心地よいものになる。
・点数に結びつかない学びを経験した子どもにとっては、最悪な状況を生み出す。
・過去の自分と比べて大幅なレベルアップを実現した子どもも、ある一定の評定の枠に当てはめられる。

当時は働き方改革が叫ばれはじめた頃であり、何かをなくす、業務の量的負担を減らすことには、追い風が吹いていた頃でもありました。

業務量が減るという観点を入口に、担当校務であった研究部の打ち合わせのなかで、通知表の評定欄の削除について提案しました。

その核は、子どもや保護者にとって、評定欄の数字（五段階評価や三段階評価）より、その元となる、観点別評価が、重要だということです。

一人の子どもが、その学期に、どんなことを学んで、教科の枠を越えて、どんなことに共通的な成果（や課題）が見込まれたのかを、保護者と教員で分かち合うことが重要だと共通理解を持てました。

そのうえで、観点別評価の三項目の比率に思いをはせたり、研究部発信でオンライン上での対話の機会を設けたりして、職員会議の場に辿り着きました。そして、全員の賛成を得て、スムーズに評定欄を削除することが決まりました。これと併せて、総合所見欄についても、学年度末のみの年一回の作成に変更になりました。

教師が子どもの学びを見とった結果である総合所見という文章表記がない代わりに、子ども自身が学びを振り返ったキャリアパスポートを、個人懇談会で保護者と共有することになりました。

このようにしてキャリアパスポートと通知表とがリンクした我が子の学びを、量的な評価ではなく、質的に評価できるようになりました。


このような小学校時代を過ごした子どもたちは、これまでの卒業生が取り組んだことのなかったフェンスアートに卒業制作として取り組み、今、伝統になりつつあります。

また、中学校進学後は、自走する生徒として、学級代表の委員長になって、生徒会長と連携して、学校の委員会を変えようとしています。

それぞれの委員会の委員長が他の委員会に出張して、出張先の委員会の良いところを学んで、所属する委員会に持ち帰るというものです。それにより、それぞれの委員会に新しい風を吹きこむことができます。また、副委員長が、委員長の代役を担うことから責任感が増し、委員会活動自体が活発化するというものでした。

このような提案を協働して生み出した生徒は、さらに小学校時代の学級担任であった僕に対して、「もっと学校を良くするためには、先生はどうしたらいいと思いますか」と問いかける等、教師と子どもがフラットな関係であったことがうかがえます。

このように大人が「ポリシーメイキング」や「対話」「よはく」を意識することで、子どもの変容を実現できますが、改めて当時の教え子に問いかけると、本当に穴があったら入りたくなるような答えが返ってきました（僕の名誉のため、一部のみ抜粋…）。

「4年生のときの先生は、すっごく怖くて何をしても怒られるんじゃないかって思うぐらいでした。学校に行きたくないなって思うようになって休みがちになったときに『先生は贔屓があって、いやです』と言ったことを覚えています。それから、6年生になって荒石先生が担任になって、4年生のときとは違い、贔屓がなくなって優しい雰囲気になっていて、とても話しやすくて学校に行くことが楽しくなりました」

以上から、ポリシーに基づき「対話」や「よはく」を意識して、課題を見出し、変化を求めてきたはずでしたが、結果として僕自身が一番変化していたことに気づくことができました。

対話はどこから

千葉県公立小学校　石田陽平

私は人付き合いが下手です。思いや意見を率直に伝えることが苦手で、その物言いは人におもねる態度だと評価され遠ざけられた経験も手伝って、教員という立場では多くの困難と向き合ってきました。

葛藤を感じるたびに、何か信じる拠り所を求めていました。そんな私に信念を持って向き合う勇気をくれたのは、一年生担任のときの保護者の方です。「石田先生にとって小学校の先生という仕事は天職ですね。まっすぐ子どもの未来を語ってくださる」とありがたい言葉をいただきました。この一言に自分の芯を得た私は、出会う教え子、その保護者や同僚と理想を語り合うことを貫こうと決めました。ここには、関わる大人の誰しもが子どもの幸せを願ってやまないだろうという確信めいた願いがありました。

それが、私にとって「性善説」の始まりです。大先輩とも言える方に正面から抗議して指導を受けたり、熱意ある保護者の方と相容れない意見をぶつけ合ったりもしました。ただ、教員としても一人の人間としても未熟な私の押しつけがましい「性善説」への憧れと、それに根ざした実践は、乱暴でわがままなものであったことは恥ずかしいところです。

そんなところに始まりを得た私は紆余曲折を経ながら、一つの対話ドリブン的アプローチにたどり着きました。それを述べさせていただきます。

学校文化の中で対話を生み出す起点は、先の「性善説」にあると考えています。なんとも仰々しいかと受け取られるかもしれません。具体的には、『教育に関わる人は皆、子どもの幸せを願っている』という前提に立つことです。そしてそれは、教育や子育てに携わる関係者に限られた環境の中でこそ、より深く訴えることのできるものだと思っています。この性善説に向かってビジョンを描いて対話する行為を、私は〝にじり寄る〟という表現をします。それはまさに「座ったままひざを動かして少しずつ近寄る（国語辞典オンライン）」ように、互いに距離を詰めていけるというイメージです。

私は小学校の特別支援コーディネーターです。職員室では同僚に向けて、保護者や子どもに向けて、「困ったときに相談に乗る人」だと話しています。最近は生徒指導的な事案の対応と特別支援的な対応の境界線があやふやなことに線引きをすること自体が難しく、様々な相談に応じます。子どもにしても大人にしても、「相談する」くらいのことですから、ほとんどが切羽詰まった状況です。主訴も多様で、そこには「戸惑い」「怒り」「悲しみ」「迷い」「怯え」「不信感」「疑い」「願い」等々様々な感情や思いが混じり合って溢れ出ています。

この思いに共感することは、主訴の理解を助け、扱う言葉の齟齬や事実認知のズレを補い、何より相談者の心理的安全や自尊心を守ります。経験不足や相談の受け手の一方的な理解で話の展開を急ぐことは、この理解を疎かにして相談の受け手の意図に偏った話の展開を進めることになり、「対話ドリブン」的アプローチからは遠のいてしまいます。

具体案が出て「はい解決！」となる合意の形成はそうはありません。もしそんな簡単に解決を迎えられるとしたら、早々に話を切り上げた方が良いような状況がそうさせている、もしくは幸いにも一時的に解決できる事情があったくらいのものです。包括的なアプローチには至っていない可能性は大いにあり、主訴に応じた解決に至らず「しこり」を残している状態とも言えるのではないでしょうか。それゆえに、すべてにおいて主訴がクリアになる話の運びは難しくとも、そこに向かって「子どもの幸せのために」関係者が共に手を尽くす行為とその過程は価値があるはずです。

私なりの「対話ドリブン」的アプローチの過程は、共感にはじまり、共感でつなぎ、共感に終わることを心がけるものです。それも、「性善説」に基づいて。

例えば、主な流れは以下のように。

①共感（私の自己開示、相談者の自己開示）
②状況の共通認識をもつ
③互いの状況理解を言語化して共有
④今日の面談のゴールの確認
⑤具体的な改善方法を探る議論
⑥共感（相談者の考え等の開示と私の考えの開示のすり合わせ）
⑦主訴に照らした結論の確認
⑧共感（伝え漏らしなどの確認、感情的な部分を共有）

この対話をより価値あるものにするために、私は著者の五木田さんの提唱するベン図を用いて

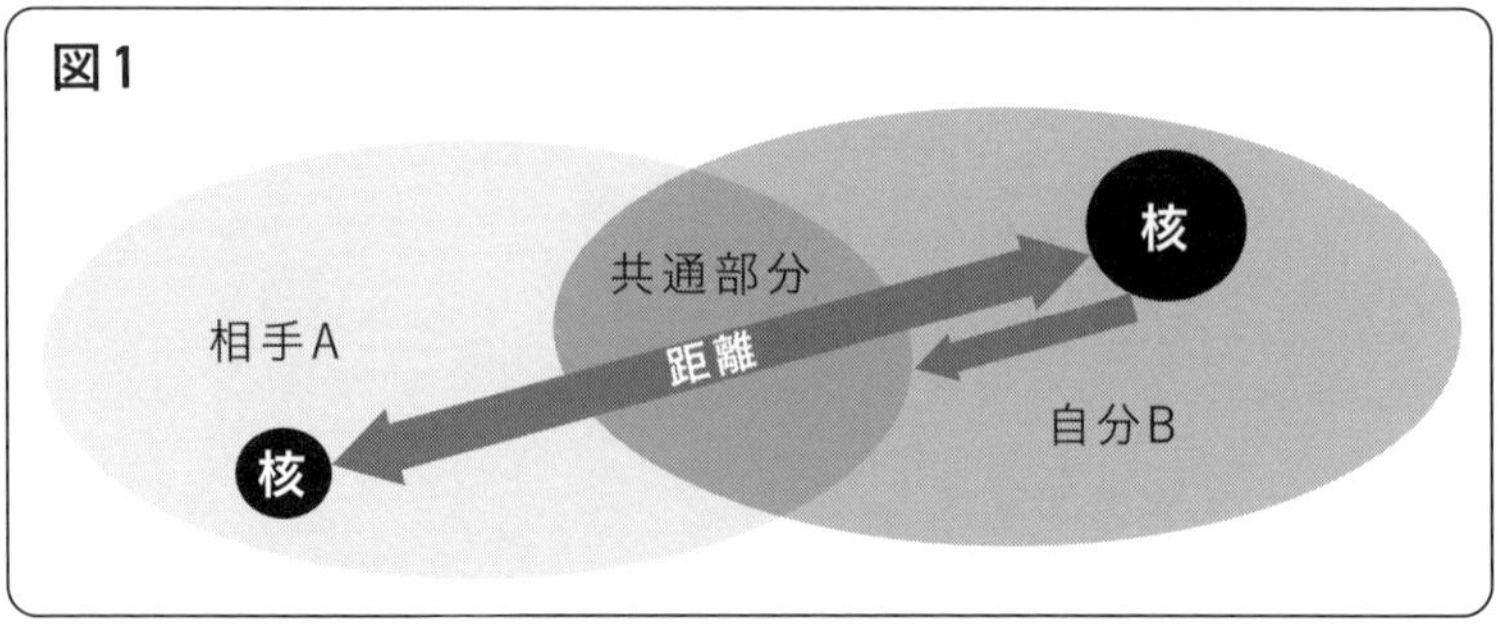

イメージの把握をするところから始めます。このベン図の果たす役割は、相手の立ち位置を確かめつつ、自分自身をメタに見ることとの両方を照らすことがねらいです。

図1がベースです。

前頁の図の左の楕円をA（相手）、右の楕円をB（自分）としたとき、共通部分をCとして、ここを「子どもの幸せな姿」として見出すために対話をします。対話は、段々と共通部分を拡張していく中で共通のビジョンに向かい、互いににじり寄っていくように進められることが理想です。

図1のベン図を用いて多くの人と対話をするうちに、この限りでは表せない関係もあることに気づきました。それは、主観的に捉えた相手のイメージ（図の形）、相手との距離、共通部分の交わり方などは状況や感情・個性に影響されて多様な関係性をもっ

図2

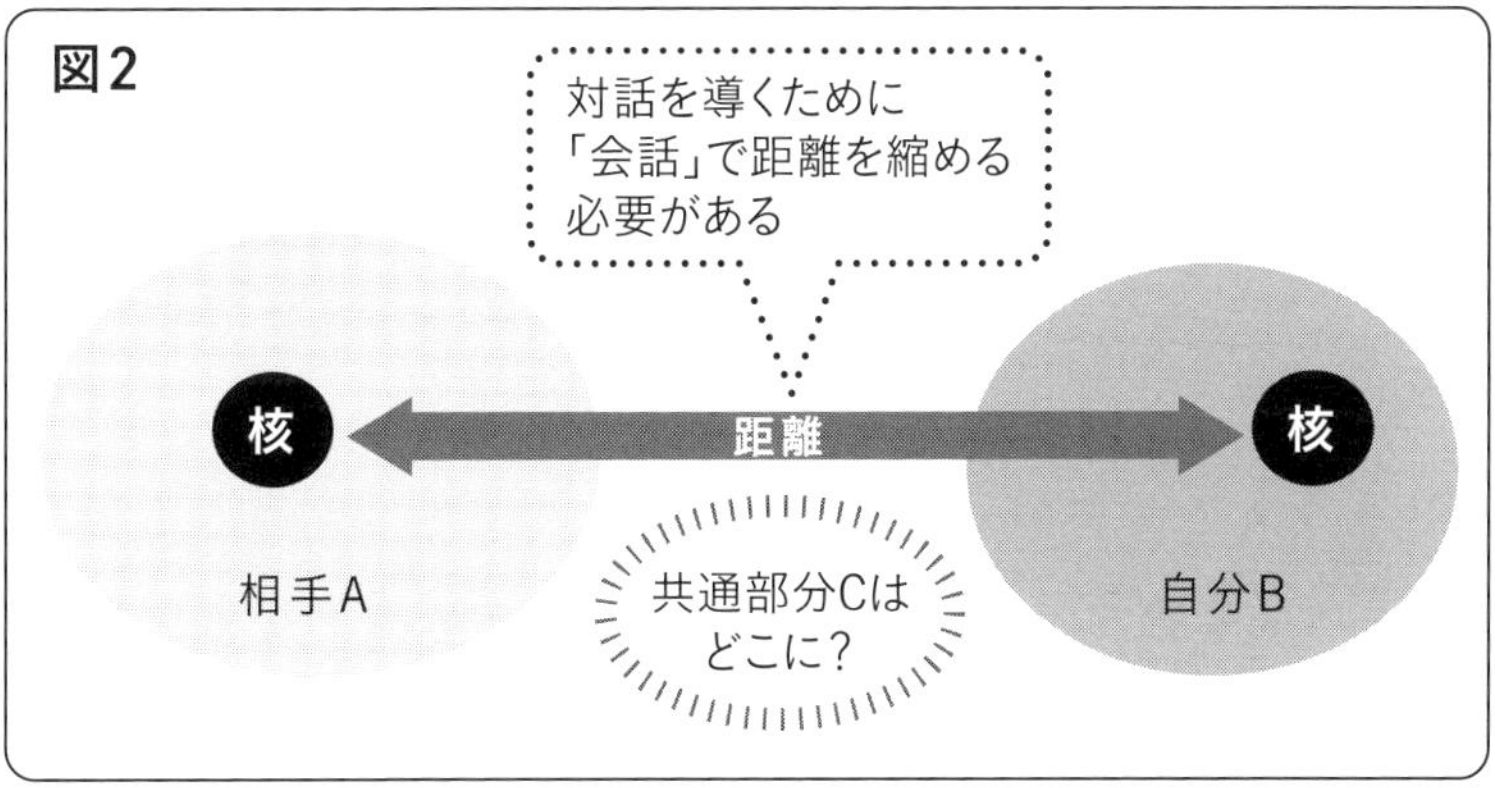

図3

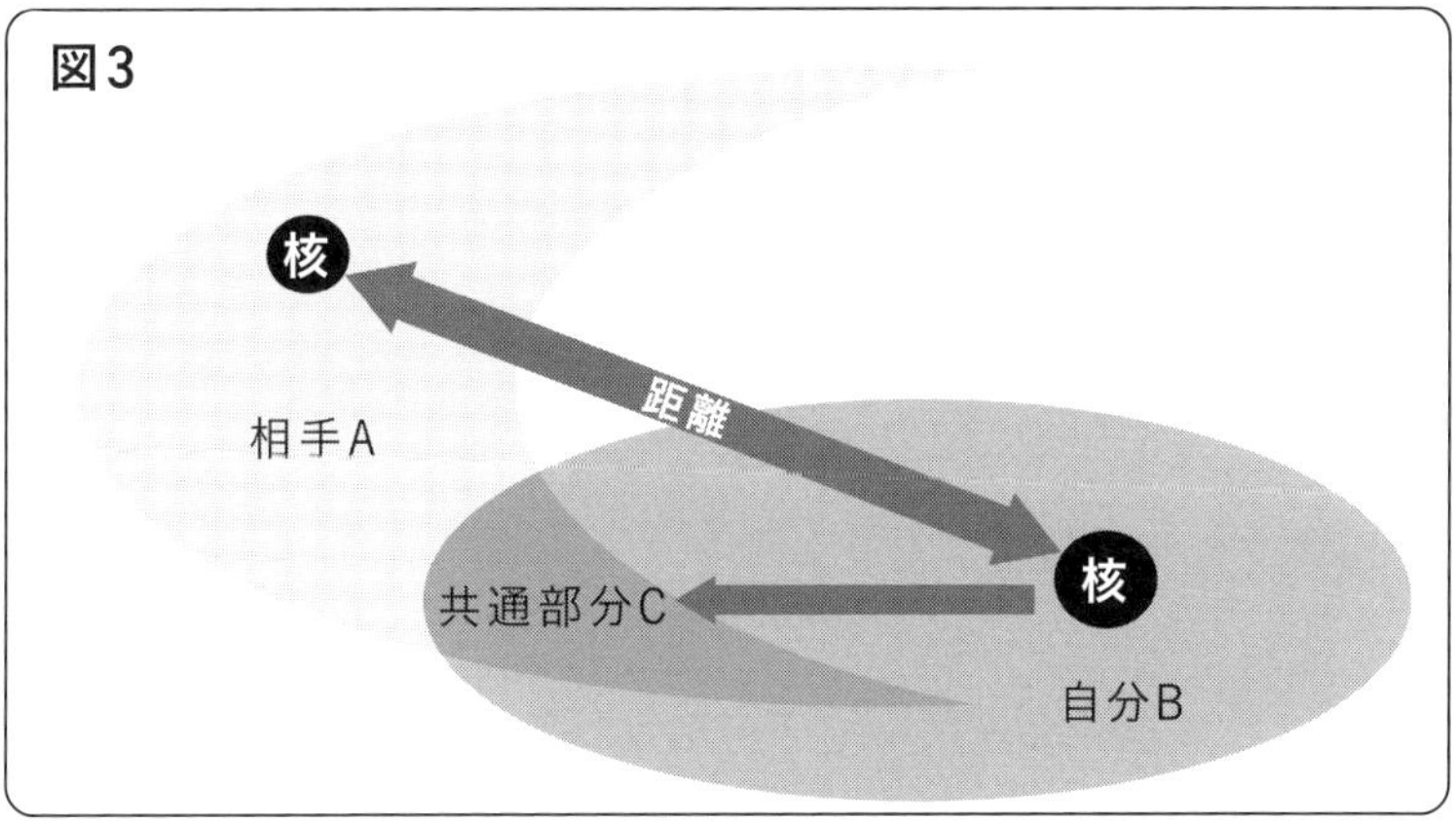

て始まるということで、当然と言えば当然です。ビジョンを明確にしながら、自分自身にも相手にもしなやかに応じながら対話をすることが求められます。どうしても自分の見通しの立てやすいイメージに頼りがちで、〝対話しているつもり〟でいながら、実は力づくで話をリードする方へ陥りがちになるという反省を得つつ、ベン図の捉え方を今も

まだ学んでいるところです。

では、どのように「しなやか」に「にじりよる」対話をするのか。図の解説を踏まえつつ流れを説明します。

対話のシンプルな道のりは、互いの本心やエゴという核となるものがあり、その距離を互いに探りながら共通部分の面積を広げていくものです。しかし場合によっては、各々のエリア（AB）が交わらないところから始まる状況（図2）もあり、そもそもが楕円ではない特殊な形（図3）をしている可能性もあります。「にじり寄る」手がかりを見出すには、内海さんの言うように（次節参照）「会話」から始めて「対話」へと糸口を探る流れを見出す必要があるかもしれません。一瞬一瞬に多くの迷いが生まれます。この迷いに自分をどう置くか、相手と何をどう共有するのか。この迷いは失敗を恐れる葛藤であり、最適解への可能性でもあります。立ち止まった歩みを、時に慎重に運び、時に大胆に懐へ飛び込むことも選択として現れます。それを「賭け」として軽率に話をしてしまえば、慎重さは打算的な受け止め方に陥り、大胆さは傲慢な価値の押しつけに成り果てます。にじり寄るには、共感をいかに得てきたかを丁寧に俯瞰することに尽きます。対話の一つのゴールは、この積み重ねの先にあるだろうというのが、私の結論です。

そして、最上位目的の「子どもの幸せを願うことについて合意を重ねていくことに価値あり」ということについて徹底的に合意しようとする態度は、「性善説」によって支えられています。

今、人におもねる自分はいません。

対話ドリブンと出会うことができたから。

しかし、相談があればその度に迷いは生まれます。なぜなら、子どもの幸せを実現するための見通しを立てることは簡単ではないからです。それはきっと、私だけでなく皆さんも同様に感じられていることかと思います。見通しが立たないのは、自らの未熟さだけが理由ではないはずです。子どもを愛する人たちが、互いに想い通わせるために道を拓こうとするがゆえの葛藤を抱えます。それが、迷いとして表れるように思います。それぞれが、にじり寄ろうという道の最中だからです。そのモヤモヤの中にあって、最適解を探すことは大変なことかもしれません。

だからこそ、心から理想を語れる大人でありたいと願います。そして、共感し合える仲間がすぐそばにいることに互いに気づいていけたら、もっと子どもにとって、生きやすい世の中になるのではないでしょうか。

私は、これからも「性善説」を心に留めて対話していきます。

対話ドリブン組織の変遷

東京都小学校教員　内海孝亮

【1人の10歩より10人の1歩を選んでいく】

教諭、主任教諭、主幹教諭とキャリアアップする中で、大きな課題になるのは、組織マネジメント力だと感じます。プレイヤーとしてのスキルアップに勤しみ、文書の処理能力や学級経営力、保護者との折衝力などを高めてきたミドルリーダー世代は大きな壁に当たる時期にきます。組織をどう動かしていくかで悩んでいる方は多いのではないでしょうか。これまでの、組織マネジメントの視点からみた対話ドリブンの経験をお話しします。

「自分でやったほうが早いから…」

職員室でよく聞かれる言葉でした。〇〇主任に「何か手伝えることありませんか？」とお話しした瞬間に返ってきた経験があります。この言葉を投げられると、なんとも自分の無力感や力のなさを感じてしまいます。この言葉を聞いた後、さらに、もう一度「どうですか？　手伝えることありませんか？」と聞く関係性は相当な信頼関係だと思います。このやりとりの文化が、職員室の組織化に大きく課題を提示していると感じました。

「教務主任になった自分がどうチームづくりをしていくのか」、自分に問いかけ、この課題と向き合いました。

【自分たちをメタ認知化　信頼関係の構築　学級経営ゼミ】

良いチームづくりには信頼関係が欠かせません。

「職員室でゆっくりコーヒーを飲む時間がなくなったから、学校がギスギスしているんだ」

教師人生の中で、そう語ったベテラン教師何人かと出会いました。最初は何を呑気なことを言っているのだろうと感じましたが、仕事の話ばかりをしていると、お互いの仕事量、処理能力、どっちが優れているのかなど、序列を意識してしまう自分がいました。これでは関係性は悪くなってしまいます。職場の対人関係を築く上では、まず人と人のつながり、お互いを知ることが大切なのでは、そう考えるようになりました。

仲間たちとポリシーメイキング講座のコミュニティで対話し、「対話と会話」について話し合った時間がありました。話し合いを進める中で、自分が腑に落ちた言葉がふっと現れました。

対話→仕事に直接関係のある話題を基に話す。

会話→趣味や興味のある話題で、共感や共有を経験し、話す。

このように言語化できてから、これからやっていきたい方向性が見えてきました。

「対話と会話を両方意識していこう」

学級経営ゼミを校内で立ち上げ、前述した対話と会話を混ぜながら、チームづくりをすることにしました。ゼミ形式にすることで、参加、不参加の選択肢を提示し、同僚の自主性を高めるのがねらいです。自分から進んで行動した経験は、その先の自主的な行動を支えるエネルギーになると感じるのではと推測しました。区内で支給されているタブレットを活用し、Google jamboardに好きな食べ物や学生の頃の思い出、なぜ教師になったかなど、自分たち自身に関わる情報を開示する場を設け、お互いを承認する時間を重ねました。参加した教師の関係が少しずつ厚いものになっていくのを実感し、会話が人と人をつなぐということを確信した瞬間でした。

そこから、回を重ねる毎に少しずつ、テーマを仕事内容、自分たちが向き合っている課題などにシフトチェンジし、対話場面を増やします。学級担任が多いこともあり、ゼミのタイトル通り学級経営にフォーカスすると共通の話題で話し合うことができます。

学級を経営していくというテーマを共通にすると、学年の違いこそあれ、自分のクラスと他のクラスという比較対象ができます。今進めている実践や指導法は適切なのか。考える契機が生まれます。こうすることで、自分たちをメタ認知していくサイクルが生まれ始めているのも感じました。このように、模索しながらもチームが変わろうとしている手応えを感じ始めていました。

【時間、ヨハクがない学校の今】

しかし、この取り組みは持続可能なものではありませんでした。学級経営ゼミを始めた2学期始めは、毎週金曜日の退勤時間後に定期的に行えていたのですが、10月が近づくと、学校には行事の波が押し寄せてきます。退勤時間後から始まる学年会、各校務分掌のMTG、この多忙感が学級経営ゼミの時間を奪っていきました。当然優先順位では、学級経営ゼミは上位に位置してはいません（本来ならばこの対話の時間こそが教師にとって大切な時間なはずですが…）。

また、場の設定も問題でした。当初自分の学級の教室に集まってもらい、ゼミを行っていましたが、多忙感が重なると、職員室から移動するという行動にもブレーキがかかるというのがわかりました。職員室で業務をこなしている同僚を背に、ゼミが行われる教室に移動する勇気やエネルギーには相当なものがある。実際にこのような場面を目の当たりにして、教員の働き方について、改めて見直す必要があると心に留めた苦い経験でした。

・学び＝暇なときにやるもの
・全体に関わることを最優先し、自分の研鑽は後回しにするのが常識
・学びが好きという姿勢が鼻についてしまう場合もある

言語化していくたびに学校文化をブラッシュアップすることの難しさを感じ、忙しさの中、一時的に学級経営ゼミがストップし、組織マネジメントをする上での対話ドリブンも止まってしまいました。

【短時間　耳だけ参加　みんなの場所】

今回の失敗をアセスメントすると、①時間の問題　②自由参加の難しさ　③場所の選択が挙げられました。一つ一つの問題に対して、分析し、解決策を練り上げる意欲が湧いてきたため、再び取り組むことにしました。課題をそのままにしておくのはなぜか面白くないんですね。できれば仕事の中に楽しさや面白さのエッセンスを取り入れたい。課題は伸びしろ、課題をクリアしたときの達成感はモチベーションになります。これはどんな仕事の共通項でもある。そう信じています。哲学書「幸福論（アラン著）」によると、人間にとって仕事の達成感は一番の喜びだそうです。わかる気がします。

まず、①時間の問題ですが、以前は30分を1単位として行っていましたが、17時スタートでも17時半までかかってしまいます。雑務を終えて帰り支度をすると18時を過ぎるのはすぐです。思い切って、10分まで短縮しました。こうすれば、16時45分退勤時刻からゼミをスタートしても17時には終わります。もし、少し時間が伸びてしまっても、この20分の差は大きいと思いました。

参加する先生方の負担を少しでも減らしたい一心でした。

次に、②自由参加の難しさに着手しました。同僚みんなが達成感を持つには、その取り組みへの必要感が大切です。人が物事を必要とする前に、「まず試しにやってみる」機会がないと始まらない。物事が始まるには一種の強制力が伴っているはずです。両親にやれと言われて始めた習い事が、いつの間にか自分の生業になっている例もあります（強制力があまりに強いと嫌な思い出が強烈に残り、逆効果の例もありますが…）。自分自身も野球や音楽は他人から勧められたり、どうしてもテストがあったから練習したりしたという記憶があります。結局2つとも自分のライフワークになりました。

参加の方法に少し強制力を持たせることにしました。さらに、Ｚｏｏｍで様々な勉強会やコミュニティに参加する中で、「耳だけ参加ＯＫ」というフレーズがなぜかひっかかっていました。「そうだ！　これをリアルの場でも使えないかな」というアイデアが浮かんできました。参加に強制力を持たせるプラス「耳だけ参加」、これが②の解決策です。

最後に③場所の選択ですが、これは②と関係があります。自分の教室まで来てもらうエネルギーや勇気を課題にしていましたが、これを解決するには、「移動しない」こと、つまり、職員室で学級経営ゼミをやってしまおうということです。ここで「耳だけ参加」のフレーズが登場します。職員室で学級経営ゼミを行うが、実際に話を聞いて私とやりとりをしてもいいし、耳で聞くだけでも良い、という選択肢を増やしたのです。学級経営ゼミの内容は半強制的に耳から入ってきます。そして必要ならば対話して自分から学ぶこともできます。

こうして、ブラッシュアップされた学級経営ゼミが始まり、今に至ります。

【HDMIケーブルと始めの一歩を踏み出す勇気】

職員室には使われていなかった壁掛けのディスプレイがあります。そこにHDMIケーブルとタブレットをつなぎ、ゼミのプレゼンを映し出すことにしました。このディスプレイにHDMIケーブルをつなげるのに30分かかりました。配線に問題があったからです。汗を流しながら、職員室で四苦八苦する私はきっと職員室にいる同僚に滑稽に見えたことでしょう。

職員室でいきなりゼミを始めるには抵抗がありました。それは職員室に様々な同僚がいるからです。みんなが安心して過ごせるには、新しく始めることには、了解を得ないといけません。職員室での第一回学級経営ゼミは緊張しました。しかし、異を唱える声はなく、どちらかと言えば、好感を持って学級経営のメソッドなどを聞いてくれました。日頃からの対話がうまくいっているのかもしれないな。そう感じた瞬間でした。何かを始めるにはリスクが伴います。不安もよぎります。それらを振り払って一歩踏み出した先に、組織を変えていくヒントがある。今ではそう思えます。

学級経営ゼミを初めて2か月が経った頃、ある若手がＯＪＴ研修で、そのディスプレイを使ってプレゼンをしてくれました。私をロールモデルにして発表の組み立てを考えたそうです。言葉にならない喜びを感じ、また意欲が高まりました。学級経営ゼミで対話する同僚の姿、そしてそこから派生し、会議では対話を大事にし、「課題共有」を合言葉にしてくれる同僚も増えました。学級経営ゼミが組織を自走化していると確信します。あきらめずに勇気を持って踏み出せば、組織の様々な場面で対話ドリブンは増えていく。

エレキギターの音がアンプリファイア（増幅）されてスピーカーから流れ出ているように、対話ドリブンはさらにエッジを効かせて学校内を巻き込んでいます。そんなイメージを持つと組織を変えることにさらにワクワクが増します。組織を変革する対話ドリブンが進みます。

パワープレーから始まる対話と失敗　そこから生まれる対話の波

大阪府公立小学校　瀬賀友加里

ＧＩＧＡ元年、市の教育センターから2年ぶりに公立小学校に戻ることになりました。教育センターではＧＩＧＡ導入期を過ごし、情報教育やＧＩＧＡの導入についてたくさん学ぶ機会がありました。その時から、校務分掌の一担当に任せてＧＩＧＡを推進していくことは難しいと感じており、自分が得たＧＩＧＡに関する知識を学校に広めていくことが私自身の役目なのではないかと考えるようになっていました。

学校への異動は初めてで当然同僚の方のこともわからず、対話の機会を自分からつくることもなかなかできませんでした。それにもかかわらず、当時、ＧＩＧＡの導入イメージができているという勝手な自信とそれらの情報を発信する方がいいという考えが先走り、無理に推進していた気がします。通常業務に加え、コロナ禍の細かな決まりに対応する中、新しい取り組みに負担を感じる方がいるのも当然です。単純な業務負担だけでなく、「よくわからない・操作が苦手」という不安を感じている方が多く、その思いを汲み取る必要性に少しずつ気づくことができました。当たり前のように求められる端末の管理・設定・校務や授業でのＩＣＴ活用、未経験のものを担当・担任だからと任せきりにするのは管理・作業的な面だけでなく精神面においても、持続可能ではないことが想像できます。導入時はパワープレースタートで一部の担当に負担がかかる形になったとしても、数年かけてそれらを解消し、担当が変わっても持続可能な業務にしていきたいと考えるようになっていました。

パワープレー①旬な操作研修

4月当初に「ＧＩＧＡスクール構想・導入されたもの」と題し、導入の目的やすぐに使用できるものを説明しました。２回目はオンライン授業について模擬的に行い、夏季休業期間中には、初期仕様のアプリケーションの紹介をしました。まずは、

「知らない」→「なんとなく知る・操作してみる」という感覚・体験的なことと。

「何かあればいつでも聞いてください」を言い続けて安心して取り組んでもらえること。

この２つを常に大切にして取り組んでいました。

パワープレー②直感を全て文字や図に起こす

ＧＩＧＡに関しては、校内から取り組みたいことを発信していくことよりも、必要なことが上から降りてくることがほとんどだったため、いかにわかりやすく先生方に伝えられるかをよく考

えていました。その作業は誰かに相談することもできず、自分の直感を言語化したり図解化したりしていたので、言葉通りのパワープレーだったと思います。例えば、ペーパーレス会議の導入について、操作をしながら感覚的に理解するのが得意な方もいれば、明確な手順とゴールが見えているマニュアルがあるほうが安心する方もいると思って作成していました。操作に慣れてくると、わざわざ「ペーパーレス会議の進め方」というマニュアルを見ることもなくなりますが、それでもその時には必要な直感と勢いだったように感じています。

1年目のさまざまな研修も、ペーパーレス会議の導入も、「わからない、苦手、難しそう」と感じている方々がいるにも拘わらず、一緒に取り組んでくださった先生方には感謝しかありません。結果として今はそういったことが言えますが、たくさんの失敗がありました。

失敗① 1人の100歩から抜け出せない不安

パワープレーでは、基本的に上から降りてきたことを「私一人」→「全員」への周知で行なっていました。そもそも1年目は「情報部」という校務分掌に1.5人が当てられた状況で、私が直感的に研修を立案したりマニュアルを作成したりしていたため、なかなか相談することもできずに進めていました。実際に一人で発信していた時に不安に駆られたり、いろいろな人の意見がほしいと感じることもありました。翌年は情報部の人数を5人に増やしてもらい、提案内容を事前に検討して「学校としてどうするか」を考えられるようになりました。今まで引き継がれてきた業務ではなく、新たに位置付けられる業務にあたるため、役割分担は必須ですし、いろいろな人の意見を取り入れた上で提案できるようになったのでありがたく感じています。少しずつ役割が横に広がっているのを感じている反面、まだまだ一人で抱えてしまっている業務をいかに持続可能なものとして伝えていくかは大きな課題として残っています。

失敗② 関係性のない状態での対話の難しさ

移動1年目と2年目との大きな違いは、私と先生方との関係性でした。GIGAを推進しなければいけないという使命感に（勝手に）駆られ、人との関係性よりも「今後しないといけないことなので伝えますね」というスタンスで関わっていたように感じます。徐々に私も学校に慣れてきて、周りの先生もGIGAに関係することは話しかけてくれるようになったものの、少し申し訳なさを感じることもありました。私自身の自己開示が足りなかったことも大きな原因ですし、GIGA以外の話をもっとラフにできていれば関わる先生方の不安をもう少し取り除くことができたのではないかと思います。

対話の波①

校内で推進する上で助かったことは、セカンドペンギンになってくださった先生方の存在です。研修でも一人で伝えているものだと思っていましたが、わかった人から周りの人にどんどん声をかけてくださったり、わからないなりに隣同士で教えて合っている様子が見られたりして、一人じゃないんだとホッとしました。「わかった」「なるほどな」という声も聞こえるようになり、周りの先生方がつくってくださった安心と理解を生み出す対話の波に私は何度も助けられました。

対話の波②

「わからなかったらいつでも聞いてください」

2年間、ずっと言い続けた言葉です。初めはきっと「わからないから質問もできない」と感じている人も多かったように感じますが、仕事上せざるを得ないことも自然と増えてきて（アンケートや会議など）、特に年度末・年度当初は質問攻めに合うことが増えていました。日常の中で何気ない会話をすることもままならなかったのに、ＧＩＧＡを柱に対話がたくさん生まれていることに気がつきました。校務や授業での活用、それらを入り口に違う話が自然とできるようになり、ＧＩＧＡがあったからこそ対話の機会が増えた先生もいることに気がつきました。本当にありがたいことだと思います。

もちろん現在でも課題はたくさんあり、必要なものと削るものの見極め、今後中心になる人を変えていくなど、まだまだ初期から中期の段階だと感じています。

ふとした時に、ＧＩＧＡ導入当初に立ち戻ります。あの時は、進めていく道も一緒に歩む人もお互いきっと不安でギクシャクした不思議な雰囲気や感覚だったことを今でも覚えています。ＧＩＧＡを推進していく中で、改めて対話の大切さを実感し、その土台となる人と人とのつながり、関係性が何よりも大切であることを感じました。ＧＩＧＡの柱以外でのコミュニケーションが不足していたことで、自分の本当の思いや考えを伝えることができず、うまくいかないと感じることもたくさんありました。やはり、その人自身に向き合う、その人のことを理解しようとすることが何よりも大切で、どれだけ自分の中に抵抗感があったとしてもその一歩を踏み出せない限り、うまくいかず崩れていく可能性が高くなるのだろうと感じました。

パワープレーから始まり、失敗（成功）を積み重ねながら悩んでいても、他の人とつながる波を起こしてくれている人たちが確実にそばにいて、少しずつ自走していく人が出てきて、日常のなかにＩＣＴが当たり前のように馴染んでくるようになりました。ＧＩＧＡスクール構想は、情報・モノ・ツールと多くの人に伝えていくべきことがありますが、それらは人と人とがつないで伝わっていくものだと思います。改めて、ＩＣＴのＣであるコミュニケーションについては今まで以上に大事にしていかなければいけないものだと感じています。

おわりに

本書は、安宅和人の「イシューからはじめよ」のオマージュでした。「根性論に逃げない。本質を掴む。本質的な方向性を決め、気高い思考を持って完遂する」。そんなメッセージを先の本からいただきました。人生の至る所で読み返す本の一つでもあります。

そんな意気込みを心のうちに秘めながら構想が始まりました。対話から始まり、学校の課題を解決する道筋を少しでも描ければと思い、影響を受けた文献を読み直し、対話を専門とする人にも改めて話を聞きにいきました。教師が、子どもが、保護者が、教育自体が悪いのではなく、教育を取り巻く環境を改善する動きが少ないことを問題の本質と捉えました。環境に作用し続けることは、時間と根気と思考を必要とします。この本を最後まで読むような人はそんな辛い状況の中にいるのだと思います。

本書のメッセージは即効性のあるものではありません。タイパ、コスパ、という言葉が流行っている世の中ですが、ある意味その真逆をいくような主張です。それでも、よはくと対話の考え方を教育業界でより一般的な考え方にすることで、僕を育んでくれた教育への恩返しができるのではないかと考えました。

この本はできあがる過程で本当に多くの、ここには書ききれない方々との対話を経て完成しました。夏には宿を取り、寄稿していただいた方々と合宿も行いました。荒い言葉のまとまりだったところから、何人もの人に読んでもらいました。あるときは「対話から始まり、学校の課題を解決する道筋を描き切らなければ」という想いが強くなり、肩に力が入りすぎたときもありました。

しかし、時を経て、違う想いが少しずつ迫り上がってきました。

「本当に苦しい思いをしている先生方に寄り添うつもりで書こう。心に突き刺さるものでなく、心の隣にいられる本にしよう」と。

編集の北山さんには当初のコンセプトから真逆のところを目指すような僕のわがままを聞いてもらいました。なにより、よはくをもらい、対話をしてもらったのは他ならない僕でした。

こだわりが強くて、ものづくりが好きで、気まぐれな僕を同僚や友人、そして最愛の妻は支えてくれます。ヒロック初等部においては設立時に本当に多くの方から寄付やご助言をいただきました。僕を支えてくれた人たちからもらった恩を、僕が持っているクリエイティブというギフトに乗せて、別の方へ贈ろうと思います。

学校が多様で素敵な場所になり、そこで働く教員と、学び合う子どもたちと、子どもたちの幸せを願う保護者の人生の一端に、本書が置かれれば嬉しいです。この本を読んだ人が自分の想いが通じあった経験にワクワクできることを祈って。

五木田　洋平

参考文献

〈本文で参考としているもの〉
レフ・セミョノヴィチ・ヴィゴツキー（著）柴田 義松（翻訳）『思考と言語』新訳版新読書社
安宅和人『イシューからはじめよ――知的生産の「シンプルな本質」』英治出版
デヴィッド・ボーム（著）金井真弓（翻訳）『ダイアローグ―対立から共生へ、議論から対話へ』英治出版
パウロ・フレイレ（著）三砂ちづる（翻訳）『被抑圧者の教育学―50周年記念版』亜紀書房
木村元・小玉重夫・船橋一男『教育学をつかむ 改訂版』有斐閣
鹿毛雅治・奈須正裕・藤岡完治・秋田喜代美・森敏昭・戸田有一『学ぶこと・教えること―学校教育の心理学』金子書房

〈本文以外で参考としているもの〉
広木大地『エンジニアリング組織論への招待―不確実性に向き合う思考と組織のリファクタリング』技術評論社

エリヤフ・ゴールドラット（著）三本木亮（翻訳）『ザ・ゴール――企業の究極の目的とは何か』ダイヤモンド社
アダム・カヘン（著）小田理一郎（監修）東出顕子（翻訳）『敵とのコラボレーション――賛同できない人、好きではない人、信頼できない人と協働する方法』英治出版
ピーター・M・センゲ／ネルダ・キャンブロン＝マッケイブ／ティモシー・ルカス／ブライアン・スミス／ジャニス・ダットン／アート・クライナー（著）リヒテルズ直子（翻訳）『学習する学校――子ども・教員・親・地域で未来の学びを創造する』英治出版
イヴァン・イリッチ（著）東洋・小澤周三（翻訳）『脱学校の社会』東京創元社
ジョン・ハッティ／グレゴリー・イエーツ（著）原田信之（監修，翻訳）森久佳／宇都宮明子／冨士原紀絵／伊藤実歩子／水野正朗／津田ひろみ／矢田尚也／笹山郁生／髙旗浩志（翻訳）『教育効果を可視化する学習科学』北大路書房
ジョン ハッティ（著）山森光陽（翻訳）『教育の効果：メタ分析による学力に影響を与える要因の効果の可視化』図書文化社
ロバート・W・ホワイト（著）佐柳信男（翻訳）『モチベーション再考――コンピテンス概念の提唱』新曜社
坪谷邦生『図解 組織開発入門 組織づくりの基礎をイチから学びたい人のための「理論と実践」

100のツボ』ディスカヴァー・トゥエンティワン
ケネス・J・ガーゲン／メアリー・ガーゲン（著）伊藤守（監修 翻訳）二宮美樹／小金輝彦／川畑牧絵／竹内要江（翻訳）『現実はいつも対話から生まれる』ディスカヴァー・トゥエンティワン
マーシャル・B・ローゼンバーグ（著）安納献（監修）小川敏子（翻訳）『NVC―人と人との関係にいのちを吹き込む法 新版』日本経済新聞出版
吉備友理恵・近藤 哲朗（著）『パーパスモデル：人を巻き込む共創のつくりかた』学芸出版社

五木田洋平（ごきた・ようへい）

HILLOCK（ヒロック）初等部 グループカリキュラムディレクター/代々木校校長
私立小学校で10年間勤務した後、2021年3月に東京・世田谷にオルタナティブスクール、ヒロック初等部を創設、22年4月に開校。翌年23年9月に渋谷にヒロック初等部代々木校を開校し、校長を務める。教員時代はクラス担任、学年主任、ICT部主任などを兼任し、学び合いの授業実践を研究しながら子ども同士が学び合う、自分たちを表現するクラスを運営。2014年度〜20年度に私立開智望小学校の設立と運営にも参画し、ICTを用いて日本語版のインターナショナルバカロレアの理論を取り入れた探究学習を推進した。
コロナ禍に出版された「70の事例で・できる! 小学校オンライン授業ガイド」に「Gsuite（現Google Workspace）の総体と活用」というテーマでの執筆参加をはじめ、2022年2月単著「ICT主任の仕事術 仕事を最適化し、学びを深めるコツ」（明治図書）を刊行。また、学校組織を対話によりアップデートするポリシーメイキングプロジェクトを主催している。

学外の活動として2021年からスクールタクトアンバサダー、NewsPicks Education「学びの伴走者」として企業の企画運営、大学の特別授業講師などを行っている。また、在籍人数が2000名を超える「ICT×探究、学び合い」勉強会の主宰している。アーティストとしての活動も長年にわたってしており、2022年にフォトエッセイ「四季のイデア、彩日のかけら」と同名の音楽作品集を発表した。
HPはこちら
ヒロック初等部　https://www.hillock-primary.com/
インタビュー動画　https://www.youtube.com/watch?v=VrJCJfQjTmM

このQRコードは、音楽作品集「四季のイデア、彩日のかけら」のSpotifyのリンクです。

穏やかな四季の移ろいを描きました。

『対話ドリブン』とともに、穏やかな毎日を願っての創作物です。

誰かのために働く先生方のために寄り添えるものになりますよう。

対話ドリブン

2024(令和6)年 2月28日　初版第1刷発行

著　　者：五木田洋平
発 行 者：錦織圭之介
発 行 所：株式会社　東洋館出版社
〒101-0054　東京都千代田区神田錦町2-9-1
コンフォール安田ビル2階
代表　TEL：03-6778-4343　FAX：03-5281-8091
営業部　TEL：03-6778-7278　FAX：03-5281-8092
振替　00180-7-96823
URL　https://www.toyokan.co.jp

[装　　丁]：中濱健治
[イラスト]：大野文彰
[組　　版]：株式会社ダイヤモンド・グラフィック社
[印刷・製本]：株式会社ダイヤモンド・グラフィック社

ISBN 978-4-491-05492-6　　Printed in Japan